BLEI- UND BUNTSTIFT

Laurence King Verlag GmbH
Jablonskistraße 27, 10405 Berlin
www.laurencekingverlag.de

Laurence King Publishing ist ein Imprint von
The Orion Publishing Group Ltd
Carmelite House, 50 Victoria Embankment
London EC4Y 0DZ

Ein Unternehmen von Hachette UK

Für die deutsche Ausgabe
Übersetzung: Ulrich Korn, Dortmund
Lektorat: writehouse, Katrin Höller, Köln
Satz: Igor Divis, Dortmund
Projektleitung: hauffe publishing, Dortmund

ISBN: 978-3-96244-238-5
2. Auflage 2023
Herstellung: DL Imaging, UK
Gedruckt in China von C&C Offset Printing Co. Ltd

Laurence King Publishing setzt sich für eine ethische und nachhaltige Produktion ein. Wir sind stolzes Mitglied des Book Chain Project®.
Bookchainproject.com

BOOK
CHAIN
PROJECT

www.laurenceking.com
www.orionbooks.co.uk

Umschlagabbildung vorne: Sarah Mycock, *Feigen*,
watercolour crayons auf Papier, 2010.
© 2010 Sarah Maycock
Umschlagabbildung hinten: Andrea Serio, *Terzo Round*,
Buntstifte auf Papier, 2021.
© 2021 Andrea Serio

BLEI- UND BUNTSTIFT

MATERIALIEN · TECHNIKEN · IDEEN

Eve Blackwood und Selwyn Leamy

Aus dem Englischen von Ulrich Korn

Laurence King Verlag

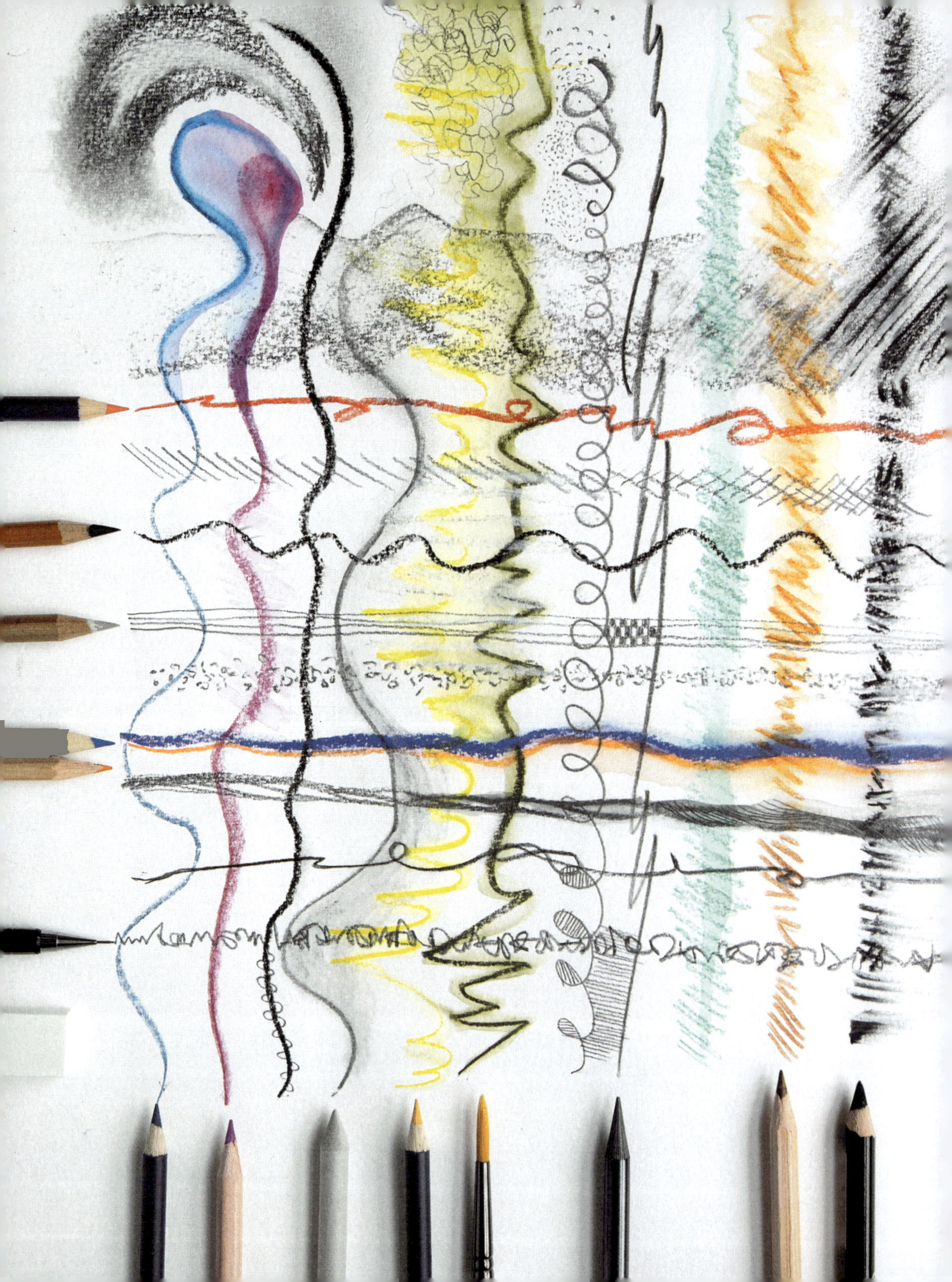

INHALTSVERZEICHNIS

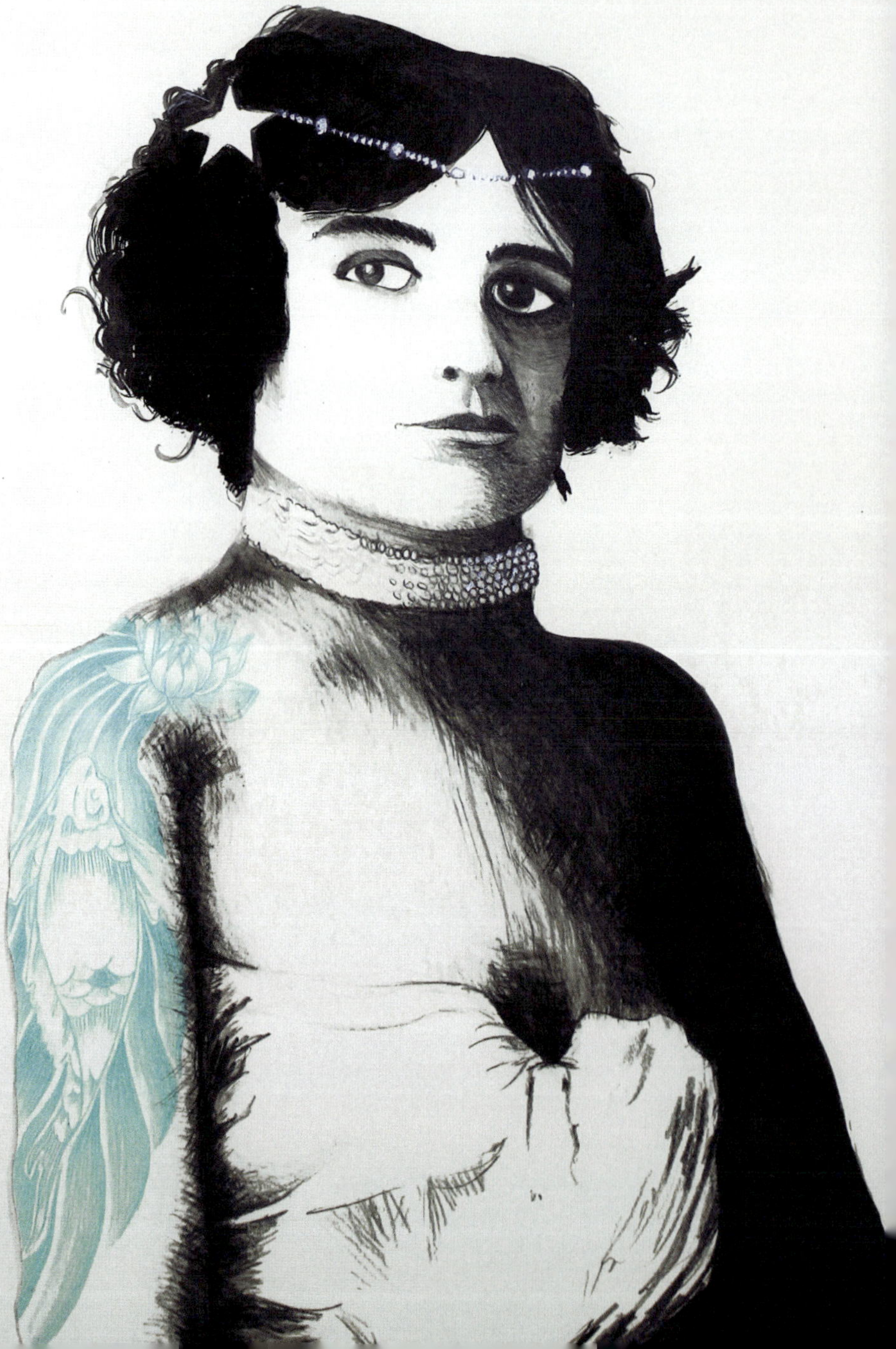

VIELSEITIGER ALS EIN KUGELSCHREIBER

Gegenüberliegende Seite: Eve Blackwood, *Coy Tattooed Lady*, Conté-Stift und Buntstift auf Karton, 2020

Der einfache Bleistift ist nicht nur eines der ersten Zeichengeräte unserer Kindheit, sondern mit ihm zeichnen wir wohl auch am meisten. In Sachen kreativer Gestaltung lässt sich damit eine Vielfalt von Linien, Tönen, Strukturen, Farben und Formen hervorbringen.

Manche Bleistifte sind weich und gleiten über das Papier, andere sind härter und sorgen für unterschiedliche körnige Linien oder einen wachsartigen Eindruck. Wählen Sie einen Bleistift also nicht nur nach seiner Zeichnungsqualität aus; es sollte Ihnen auch Freude bereiten, damit zu zeichnen. Viele Künstler haben ihren Lieblingsstift, weil er genau zu ihrer Art des Zeichnens passt.

In diesem Buch werden Sie viele unterschiedliche Blei- und Buntstifte kennenlernen. Wir zeigen Ihnen, wie man mit ihnen experimentieren kann, um neue Techniken zu erlernen. Zeichnungen diverser Künstler und Illustratoren helfen Ihnen dabei und dienen als Inspirationsquelle. Ausgerüstet mit Ihren Lieblingsstiften und einem Skizzenbuch werden Sie staunen, was Sie alles erreichen können.

WELCHE BLEISTIFTE GIBT ES?

Alle Bleistifte haben eines gemeinsam: Sie enthalten kein Blei. Das „Blei" im „Bleistift" ist heutzutage eine Kombination aus Grafit und Ton. Es gibt mehrere Arten von Bleistiften, die Sie ausprobieren können: Kohlestifte, wasserlösliche Stifte und Druckbleistifte, um nur einige zu nennen.

Am besten kennen Sie wahrscheinlich die Bleistifte aus Ihrer Schulzeit: H, HB und B. Bleistifte werden nach der HB-Skala eingestuft. H bezeichnet einen harten Bleistift (mehr Ton, weniger Grafit); B steht für eine weichere Mine (mehr Grafit, weniger Ton), wodurch ein dunkleres Schwarz entsteht. In einem Geschäft für Künstlerbedarf finden Sie ganze Sets an Grafit-Bleistiften, deren Preise von günstig bis teuer rangieren. Sie können die Stifte aber auch einzeln kaufen und einen der oberen Preisklasse auswählen, ohne dass es Ihr Portemonnaie sprengt.

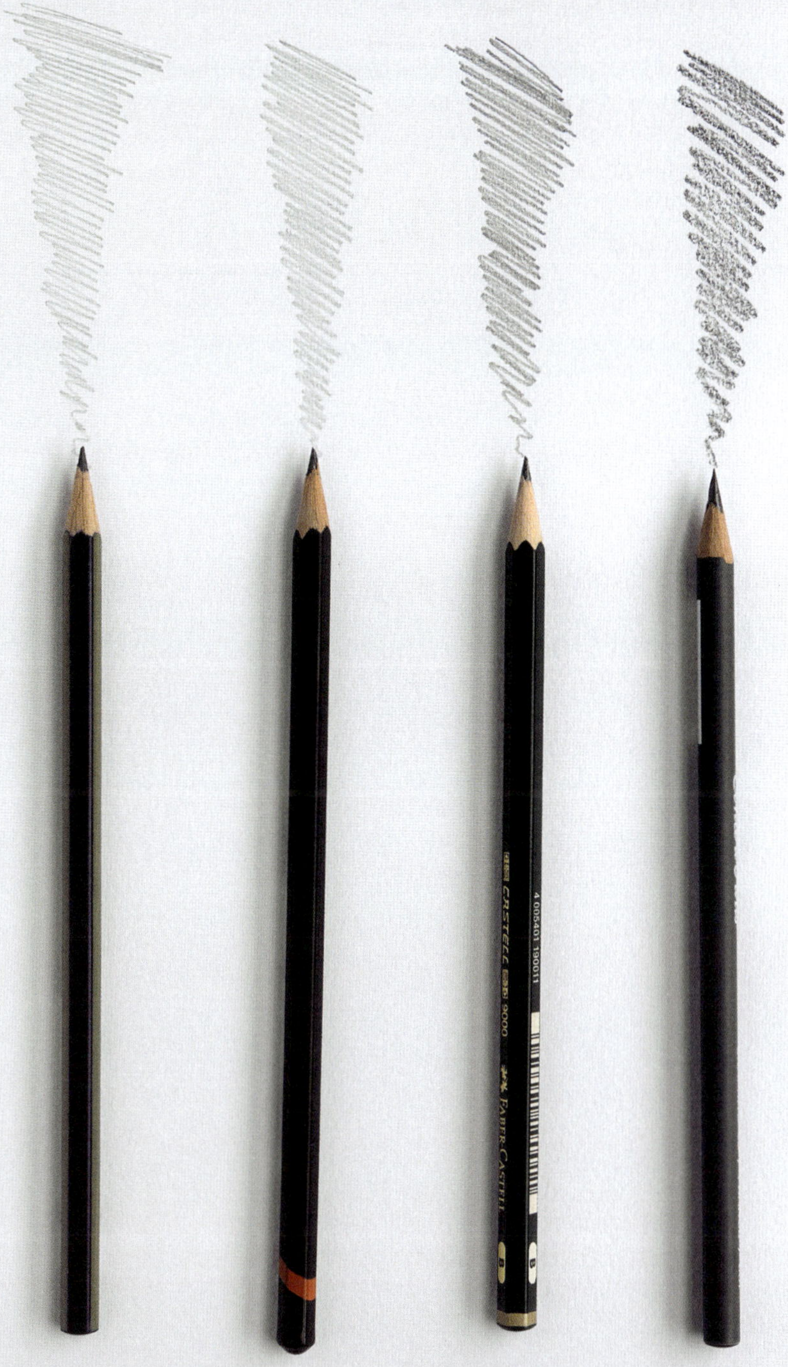

H HB B 6B

KLEINE BLEISTIFTKUNDE

6B
Einer der weichsten Bleistifte; zeichnet eine kräftige schwarze Linie, wenn man fest aufdrückt. Bei sanftem Druck entstehen weichere Linien; da er aber so weich ist, wird er schnell stumpf und bietet nicht die gleiche Präzision wie ein härterer Bleistift.

2B
Ein vielseitiger Bleistift für schnelle Skizzen und so weich, dass er auch bei starkem Druck kräftige, dunkle Linien hinterlässt; bleibt länger spitz als der 6B. Weniger Druck erzeugt hellere Linien, die dennoch Tiefe haben.

HB
Nicht zu hart und nicht zu weich. Zeichnet bei starkem Druck eine feine dunkle Linie, die aber weniger ausgeprägt ist als die eines B-Stifts. Geringerer Druck ergibt hellere Linien, die weniger körnig sind, was für zartere Zeichnungen vorteilhaft ist.

H
Sehr hart, sodass er lange spitz bleibt, ergibt aber keinen dunklen Ton. Selbst wenn man ihn fest aufdrückt, erhält man recht helle Linien, und der Bleistift gräbt eine tiefe Druckspur in das Papier. Weniger Druck ergibt sehr feine, scharfe und präzise Linien.

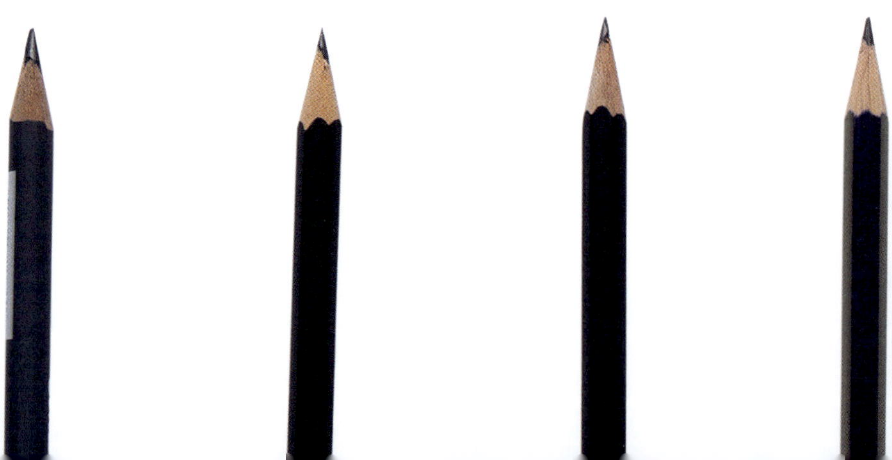

Weiteres hilfreiches Zubehör

Radiergummi
Ein guter, weicher Radiergummi ist unerlässlich, um unerwünschte Bleistiftstriche zu entfernen.

Fixativ
Das Fixativ wird über das fertige Kunstwerk gesprüht, damit es nicht verwischt, was bei weichen Bleistiftzeichnungen vonnöten ist. Eine preiswerte Dose Haarspray erfüllt häufig denselben Zweck.

Druckbleistift
Druckbleistifte sind mit Radiergummis versehen und müssen nicht angespitzt werden. Ihre austauschbaren Minen werden in Millimetern gemessen: Eine 0,7-mm-Mine zeichnet eine breitere Linie als eine 0,5-mm-Mine. Die Härtegrade der Minen sind die gleichen wie bei normalen Bleistiften.

Tortillon („Papierwischer")
Erleichtert das künstlerische Verwischen, und es geht sauberer vonstatten.

Das brauchen Sie definitiv nicht:

Lineal und Zirkel
Sie führen zu gleichmäßigen, ausdruckslosen Linien und entbehren jedem Ausdruck und jeder Kunstfertigkeit - Zeichnungen sollten sich jedoch durch ihren Charakter auszeichnen. Künstlerische Unberechenbarkeit und ein bisschen Verwackeln sind eine gute Sache.

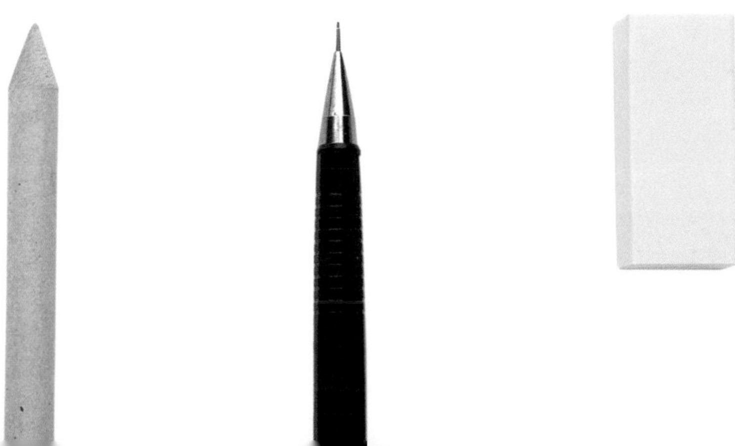

WIE MAN DEN BLEISTIFT RICHTIG HÄLT

Die Art und Weise, wie man den Bleistift hält, wirkt sich enorm auf die Anmutung der Zeichnung aus. Wenn Sie den Griff ändern, können Sie damit auch die Gestaltung der Linien oder Striche verändern und Ihren Zeichnungen mehr Ausdruck verleihen.

Mit dem normalen Schreibgriff (unten) erhalten Sie scharfe, genaue und kontrollierte Linien. Damit gelingen Ihnen sorgfältige und akribische Striche, die für analytische Zeichnungen nötig sind, um ein verfeinertes und geschärftes Verständnis für Ihr Motiv zu bekommen.

Wird der Bleistift locker gehalten (S. 13 oben), sodass eher die Seite und nicht die Spitze der Mine das Papier berührt, können Sie freie Striche nach Gefühl zeichnen - skizzenhaft, spontan, locker, plastisch oder ausladend.

Hält man den Bleistift seitlich (unten rechts), lässt sich der Winkel der Mine so ausrichten, dass ihre komplette Breitseite und nicht nur die Spitze das Papier berührt. Dadurch entsteht ein breiter Strich, der zum Schattieren und Abtönen geeignet ist.

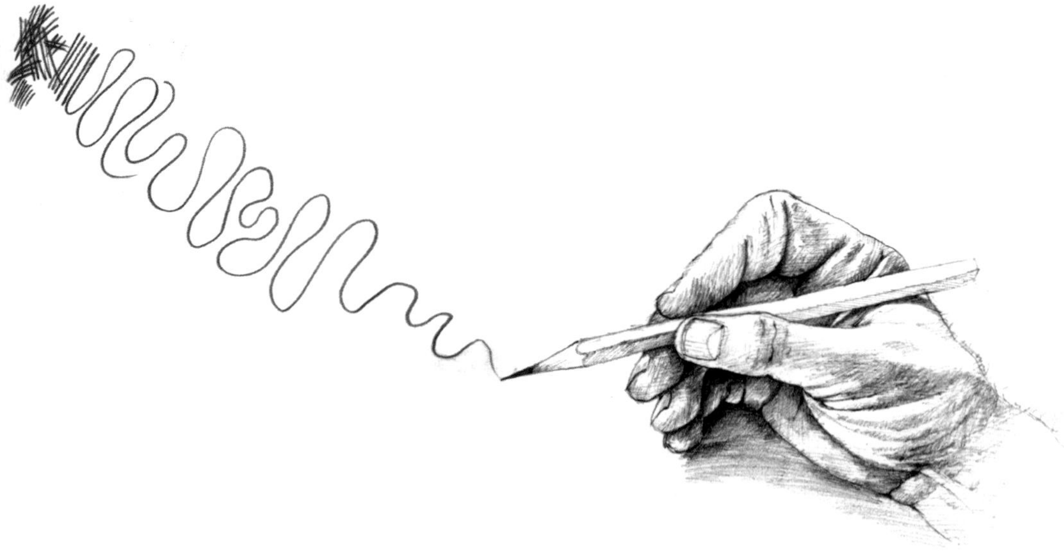

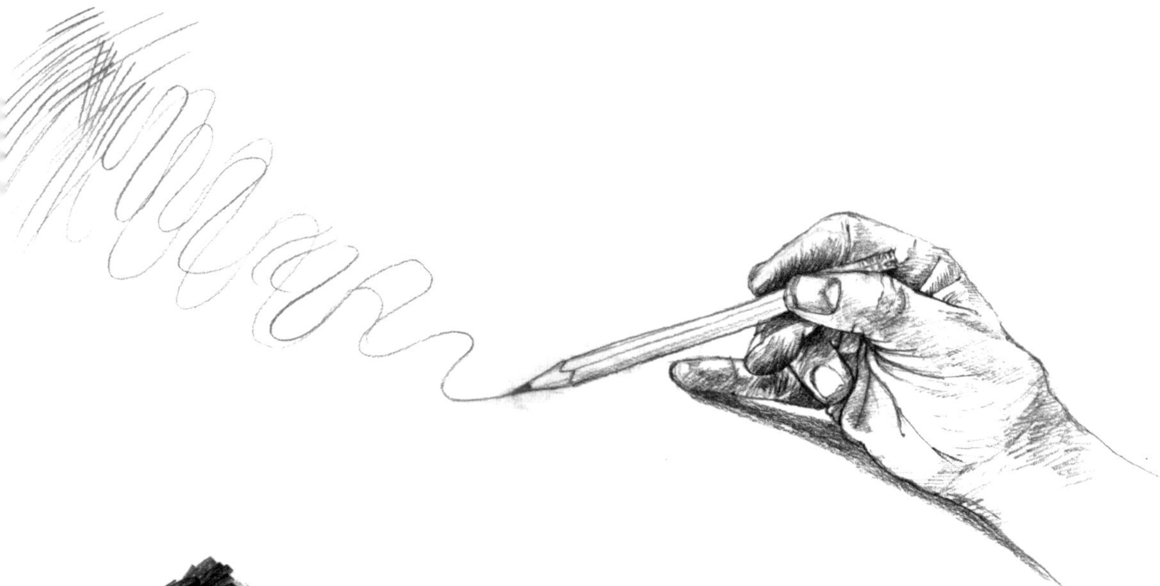

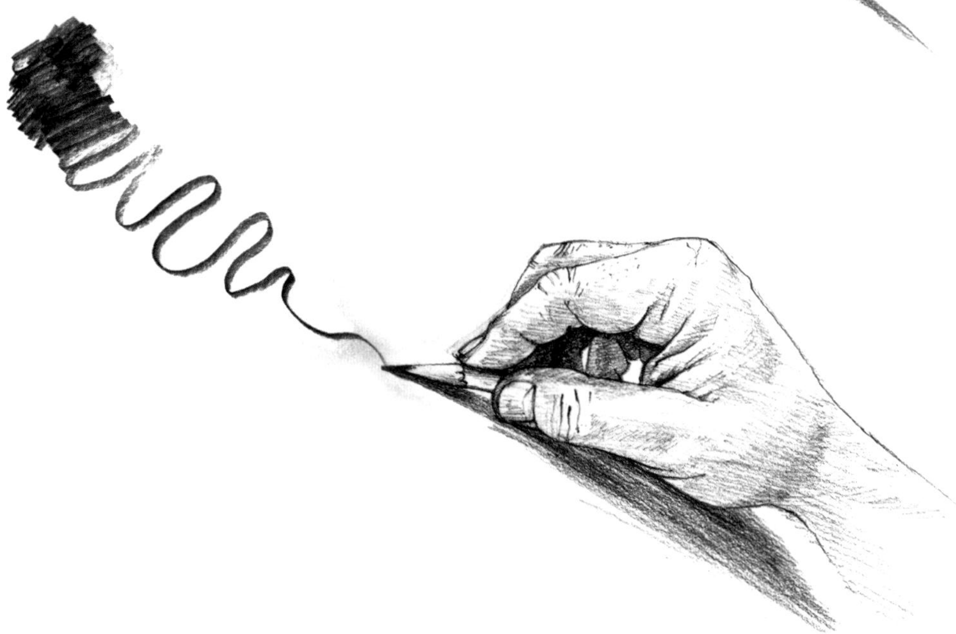

DIE WAHL DES PAPIERS

Es gibt viele Arten von Papier - vom Kopierpapier bis zum dicken Aquarellpapier. Bei der Papierwahl sollten Sie vor allem auf das Gewicht und die Oberflächenbeschaffenheit achten.

Papiere sind unterschiedlich schwer. Gemessen in Gramm pro Quadratmeter (g/m^2), womit die Stärke angegeben wird, reichen die Grammaturen von 80 g/m^2 (Kopierpapier) bis 330 g/m^2 und mehr (fast so dick wie Karton). Stärkeres Papier hält einem größeren Druck stand und übersteht wiederholtes Ausradieren und Nacharbeiten.

Die Oberfläche eines Papiers wird mit dem Begriff Körnung beschrieben. Raues Papier hat eine stärkere Körnung, das heißt, es ist unebener und bietet beim Zeichnen mehr Widerstand, wodurch eine körnigere Linie entsteht.

Zeichenpapier

Standard-Zeichenpapier, dessen Oberfläche von sehr glatt bis rau reicht. Ein normales Skizzenbuch enthält in der Regel 140 g/m^2 Zeichenpapier mittlerer Körnung. Glattes weißes Papier eignet sich gut für kräftige Grafiken mit klaren Linien.

Aquarellpapier

Schwereres Papier speziell für Aquarellfarben und andere flüssige Medien, da es sich nicht wölbt. Die gröbsten Sorten haben eine starke Körnung, die Ihren Zeichnungen Textur verleiht.

Andere Papierarten

Mit Pauspapier und farbigem oder getöntem Papier lassen sich verschiedene Effekte erzielen (siehe S. 104-109).

EINIGE NÜTZLICHE TECHNIKEN

MIT DRUCK EXPERIMENTIEREN

Verschiedene Bleistifte ergeben unterschiedliche Ergebnisse, mitentscheidend aber ist der ausgeübte Druck beim Zeichnen - egal, welchen Bleistift Sie gerade nutzen. Je nach Druck lassen sich unterschiedliche Striche ziehen: von dickeren, dunkleren bis hin zu feineren, schwächeren Linien.

Bei einer schnellen, lebhaften Zeichnung wollen Sie nicht ständig den Bleistift wechseln. Wählen Sie daher einen, der unterschiedliche Striche und Linien ermöglicht. Der Druck lässt sich während des Zeichnens variieren: Drücken Sie fester, um eine stärkere, klarere Linie zu ziehen, oder verringern Sie den Druck, wenn Sie eher zeichnerische Andeutungen machen wollen. Auch ohne Schattierungen kann eine Linie mit diversen Dunkeltönen einer Zeichnung mehr Ausdruck verleihen und eine gewisse Stimmung und Intimität erzeugen, wie in dieser Aktstudie von Endre Penovác.

SELBST AUSPROBIEREN

Den Druck variieren
Von einer dünnen in eine dicke Linie übergehen, indem Sie mehr Druck auf die Bleistiftspitze ausüben.

Die Handhaltung ändern
Beim Zeichnen abwechselnd die Spitze und die Breitseite der Mine benutzen, um die Stärke der Linie zu variieren.

Textur andeuten
Kontrastieren Sie eine gerade mit einer krakeligen Linie, um Textur zu suggerieren.

Mit hellen Tönen beginnen
Erst helle Linien zeichnen und diese danach mit dunkleren Strichen überarbeiten.

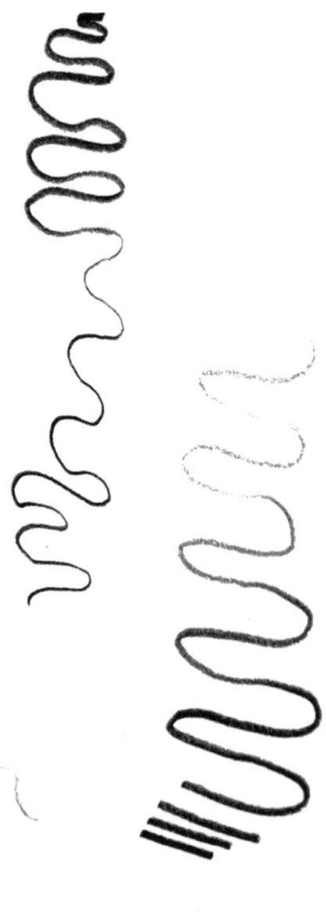

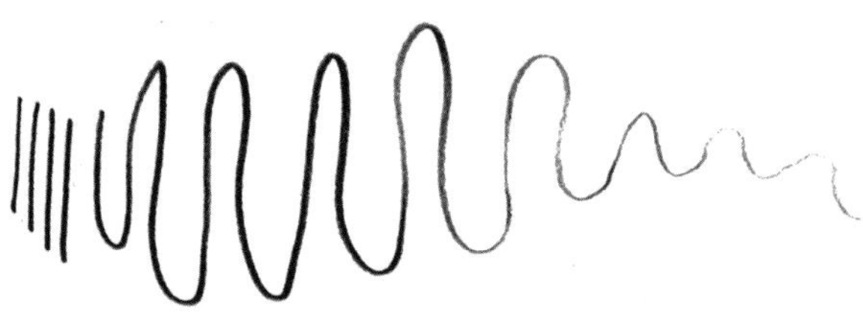

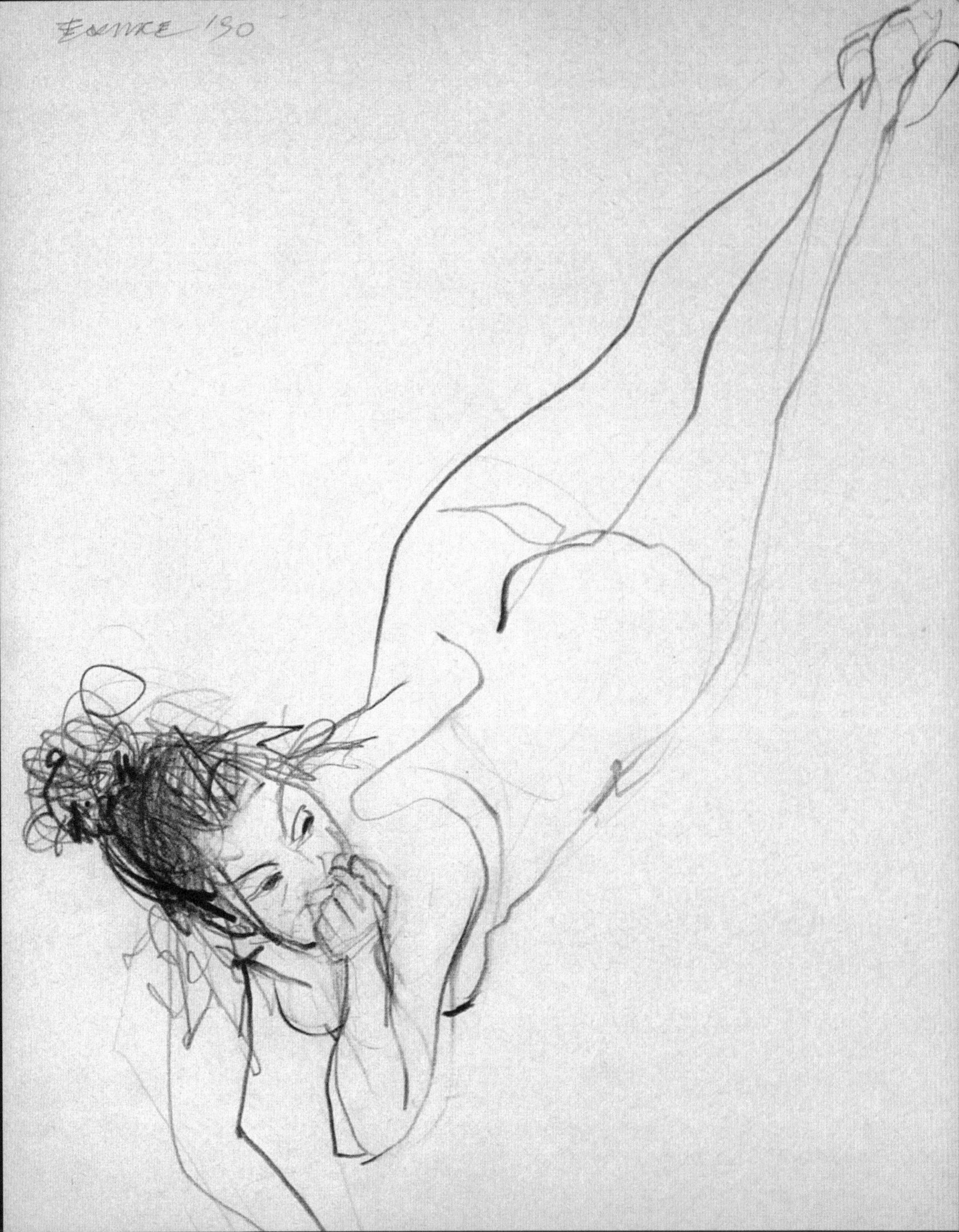

Endre Penovác, *Eva*, Bleistift auf Papier, 1990

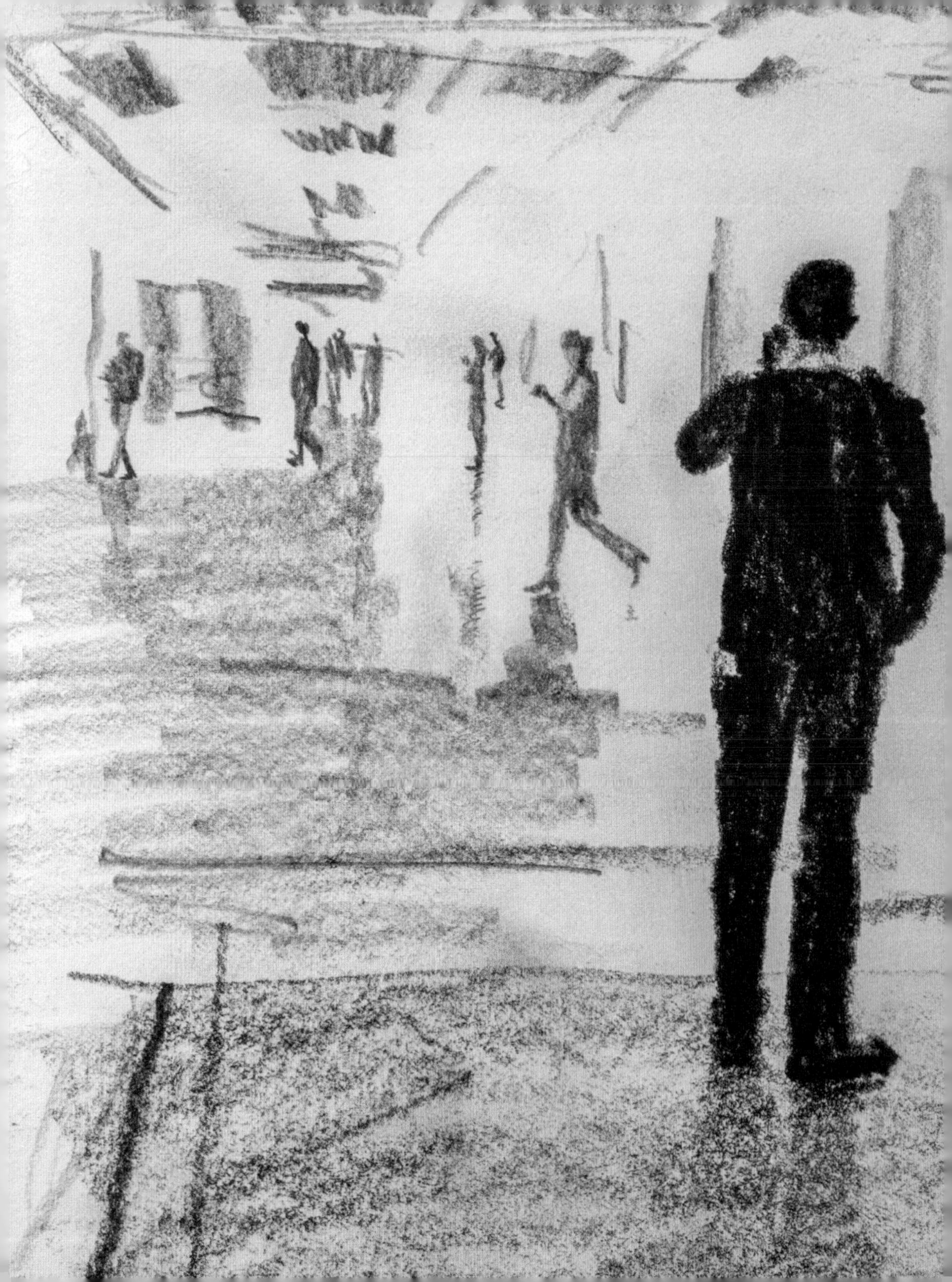

TONWERTE STATT LINIEN

Gegenüberliegende Seite: Massimo Rossetti, *Untitled #J003*, Grafit auf Notizpapier, 2008

Tonwerte fügen Ihrer Zeichnung Hell und Dunkel hinzu, die sogenannte Schattierung. Damit lassen sich dreidimensionale Effekte erzielen und Stimmungen erzeugen. Die unterschiedlichen Schattierungen werden als hell, mitteltönig und dunkel bezeichnet. Zeichnen Sie versuchsweise ein Bild nur mit verschiedenen Tönen und nicht mit Konturen.

Hier verwendet Massimo Rossetti verschiedene Töne für die Gestaltung des Raums und der Umgebung. Die Figuren sind schnell, skizzenhaft und ohne Umrisse dargestellt, sodass man nur einen Eindruck, aber keine Details erhält, und der glänzende Boden wurde mit der Seite der Mine gezeichnet. Die Figur im Vordergrund ist in demselben skizzen- und blockhaften Stil dargestellt, jedoch mit wesentlich stärkeren Strichen, um einen dunkleren Ton zu erzeugen.

SELBST AUSPROBIEREN

1. Kneifen Sie, wenn Sie nach dem Leben zeichnen, die Augen zusammen, um an Ihrem Motiv unnötige Details auszublenden.

2. Zeichnen Sie mit der Seite der Mine, um Flächen mit mehreren Tonabstufungen zu erzeugen. Füllen Sie zunächst die dunkelsten Bereiche; arbeiten Sie sich danach zu den helleren Stellen vor.

3. Für Aufhellungen lassen Sie das Papier weiß. Alles andere sollte verschiedene Töne haben.

Tipp: Hier bietet es sich an, ein Fixativ (oder Haarspray) auf die fertige Zeichnung zu sprühen, um zu verhindern, dass die großen Flächen aus Grafit- oder Kohlestrichen verschmieren.

SCHRAFFIEREN

Gegenüber-
liegende Seite:
Brenda Holtam,
Oscar,
Bleistift auf
Papier, 2020

Das Schraffieren ist eine weitere Technik, Flächen zu tönen, diesmal mittels parallel gezeichneter Linien oder Striche mit der Bleistiftspitze. Schraffuren können jede beliebige Richtung nehmen, oft verlaufen sie diagonal, weil das am einfachsten für die Hand ist. Um die Intensität der Tönung zu beeinflussen, gibt es zwei Möglichkeiten: Den Druck auf den Bleistift variieren, um die Schraffur heller oder dunkler zu machen, oder die Striche enger beisammen bzw. weiter auseinander setzen.

Brenda Holtams Skizze ist ein gutes Beispiel dafür, wie Schattierungen einer Zeichnung Leben einhauchen. Die Konturen des Kopfes sind mit leicht schraffierten Flächen gestaltet. Das gesamte Gesicht ist mit einer leichten Tönung überzogen, nur an den kleinen hellen Stellen wurde das Papier weiß gelassen.

SELBST AUSPROBIEREN

1. Tragen Sie zunächst leichte Schraffuren auf, um Ihr Motiv in Grundzügen darzustellen.

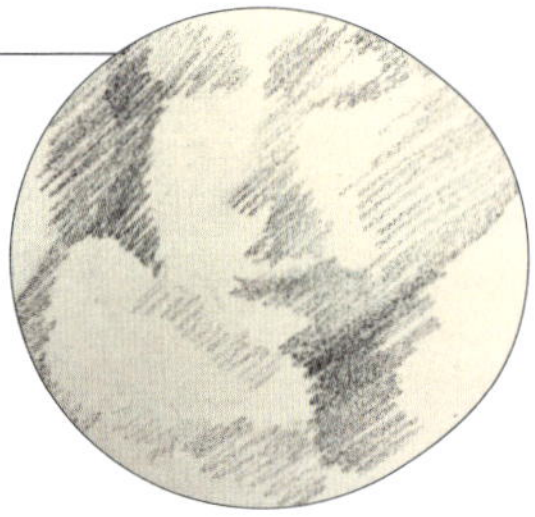

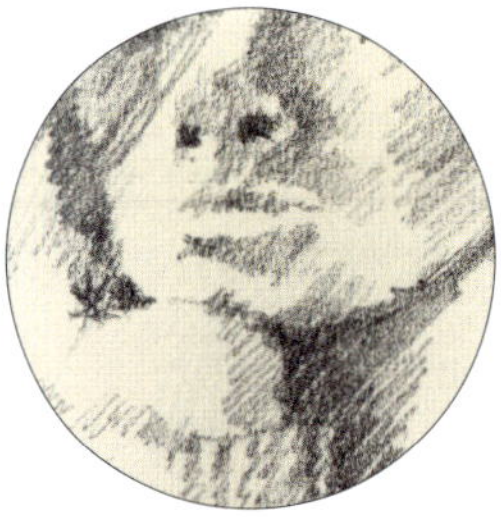

2. Verfeinern Sie dieses Gerüst, indem Sie die mittleren Töne und die dunkelsten Bereiche mit kräftigeren Strichen herausarbeiten; dort, wo Aufhellungen sein sollen, lassen Sie das Papier weiß (oder radieren die Schraffuren in diesen Bereichen aus). Für die dunkelsten Schatten drücken Sie den Bleistift fester auf oder schraffieren mit enger beieinanderliegenden Linien.

3. Fügen Sie zum Schluss einige Details hinzu, um Besonderheiten des Objekts oder der Person darzustellen.

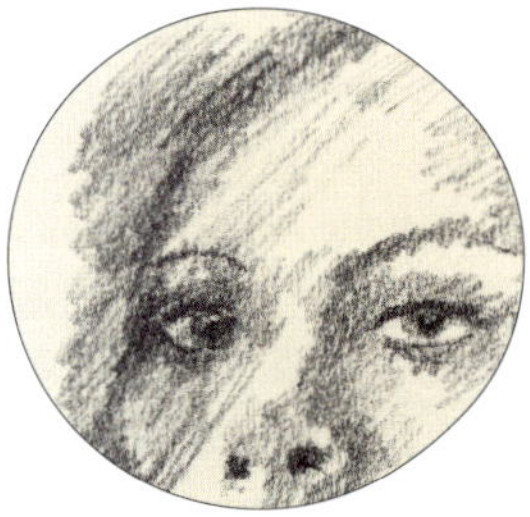

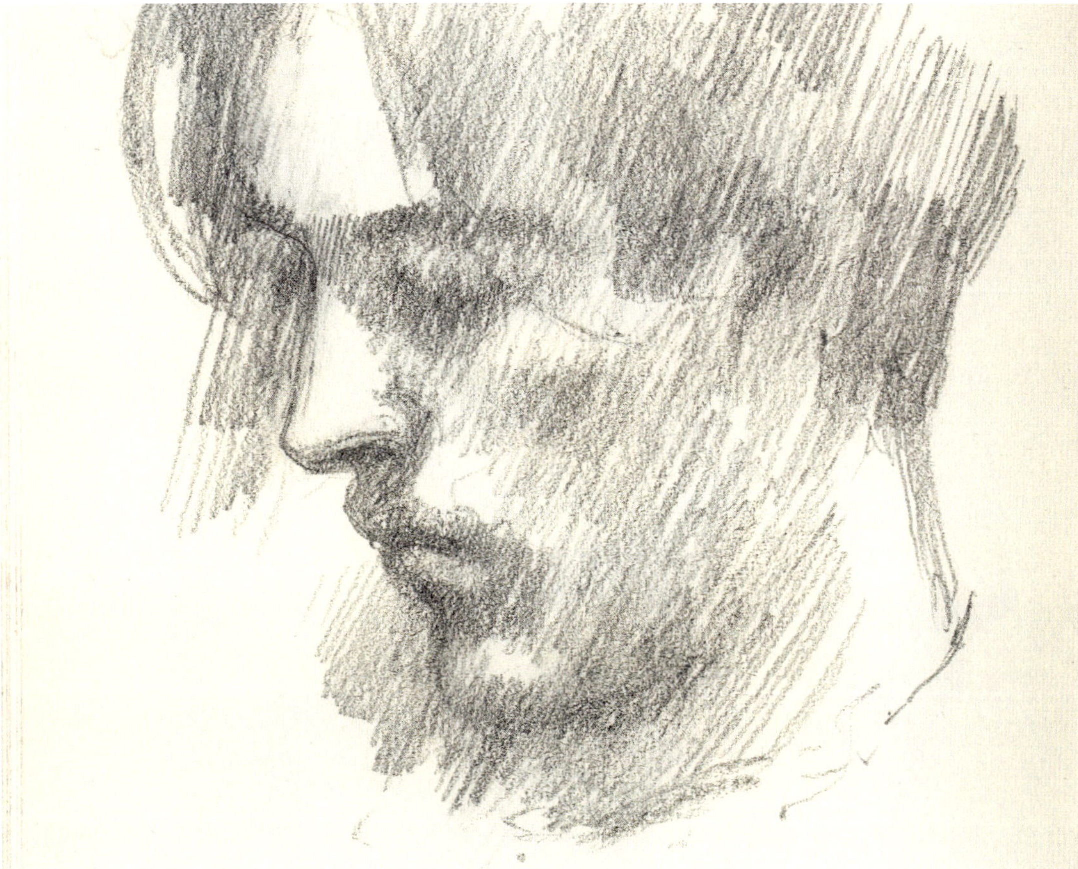

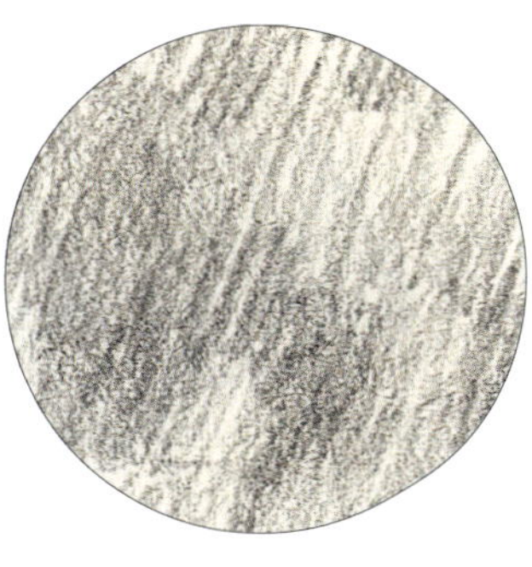

Hier wurden mithilfe von Schraffuren der Kopf und tonale Abstufungen des Haars gestaltet.

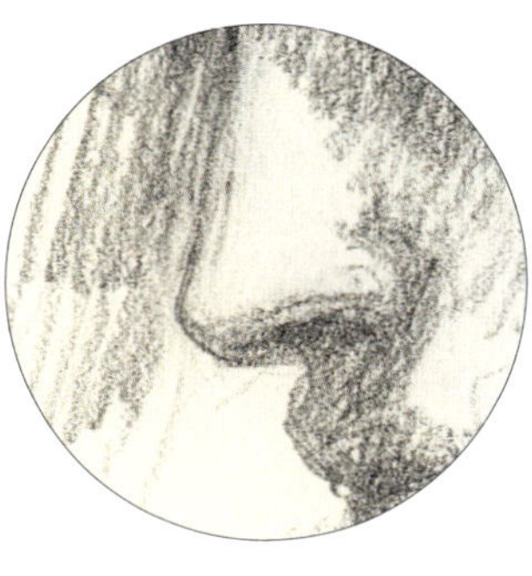

Beachten Sie, wie ein Bereich mit der gleichen Tönung dunkler aussieht, wenn er mit dem Weiß des Papiers kontrastiert.

KREUZSCHRAFFUREN

Bei der Kreuzschraffur werden Linien von anderen Linien in einer entgegengesetzten Richtung überschnitten. Durch diese Überlagerung mehrerer Schichten erhält man satte dunkle Stellen. So lässt sich ein größeres Spektrum an Grautönen erreichen als mit einer einfachen Schraffur. Mithilfe der unterschiedlich verlaufenden Linien lassen sich auch die Form des Objekts darstellen und Textur hinzufügen. Dabei müssen die Striche nicht ordentlich sein - ihre Wirkung ist dieselbe, wenn sie locker und grob gezogen sind.

Bei *Park Bench* wurde zuerst die Szene umrissartig gezeichnet, dann wurden die Tonabstufungen mit Kreuzschraffuren angelegt, wobei der Künstler besondere Aufmerksamkeit auf die Form der Bank und auf die Textur der sie umgebenden Büsche gelegt hat.

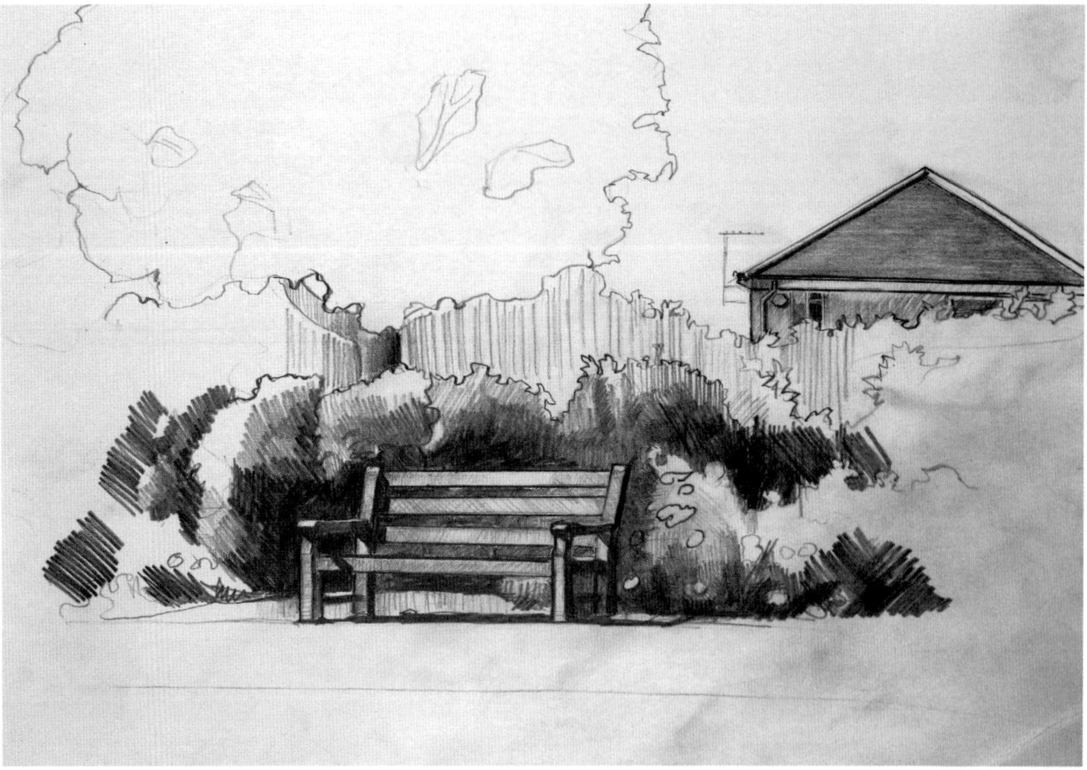

Selwyn Leamy, *Park Bench*, Bleistift auf Papier, 2020

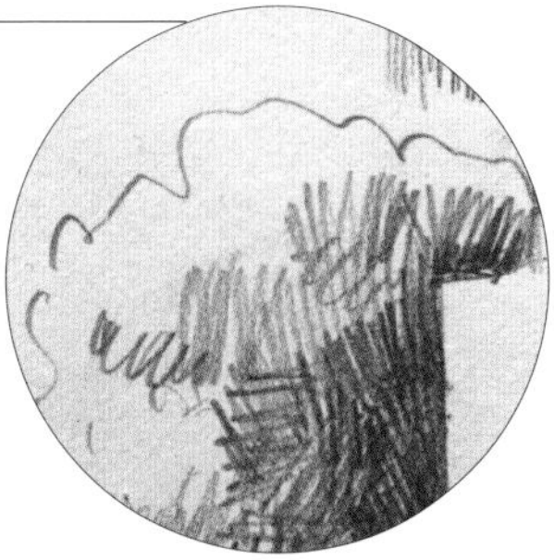

1. Deuten Sie die Umrisse mit einem spitzen Bleistift leicht an.

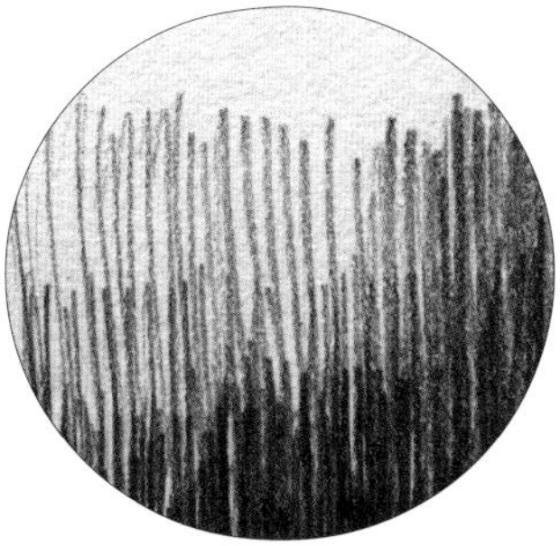

2. Betrachten Sie die Szenerie genau und überlegen Sie, welche Art von Textur und Form aufgebaut werden muss. So könnten Sie lange, glatte Striche für einen flachen Bereich einsetzen oder für einen stacheligen Busch Gruppen von kurzen Strichen in verschiedene Richtungen zeichnen.

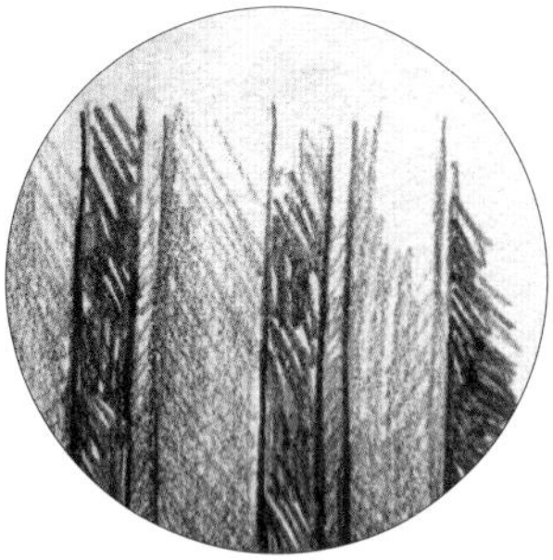

3. Beginnen Sie mit einem schraffierten Mittelton und lassen Sie die hellen Stellen frei.

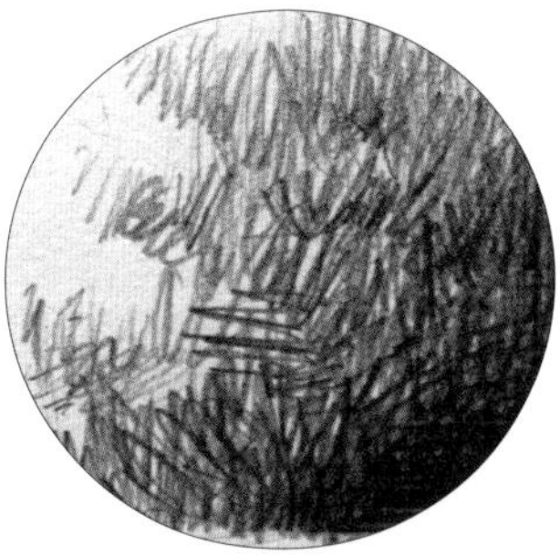

4. Überzeichnen Sie die Striche an den gewünschten Stellen mit Kreuzschraffuren, um dunklere Töne zu erhalten.

NEGATIVRAUM

Negativräume sind die Bereiche, die das zu zeichnende Objekt umgeben. Die Betrachtung dieser Räume und der Lücken zwischen einzelnen Partien des Motivs kann helfen, dieses besser zu erfassen. Legen Sie tiefe Schatten mit kräftigen Tonwerten an und arbeiten Sie sich nach außen vor; tragen Sie die Mitteltöne mittels Schraffuren und Kreuzschraffuren auf, um verschiedene Schattierungen zu erhalten.

Mit dieser Technik arbeitet sich Rachel Mercer durch die vielschichtigen Blätter und Stängel, sodass eine realistische Zeichnung entsteht, die die Rhythmen und Muster der Pflanzen einfängt. Diese Technik kann auch eine abstrahierte Zeichnung ergeben, die eher auf den Mustern und Formen des Motivs und nicht auf einer genauen Abbildung der Realität beruht.

SELBST AUSPROBIEREN

1. Beginnen Sie mit einem kleinen Bereich und verwenden Sie für die dunklen Schatten einen kräftigen Ton. Arbeiten Sie von diesem Punkt aus nach außen und legen Sie mithilfe von Mitteltönen Schattierungen an.

2. Umrisse helfen, das Motiv zu erfassen. Aber zeichnen Sie nicht zu voreilig zu viele davon, sonst verlieren Sie mitunter die Orientierung.

Gegenüberliegende Seite: Rachel Mercer, *Pea Plant*, Bleistift auf Papier, 2014

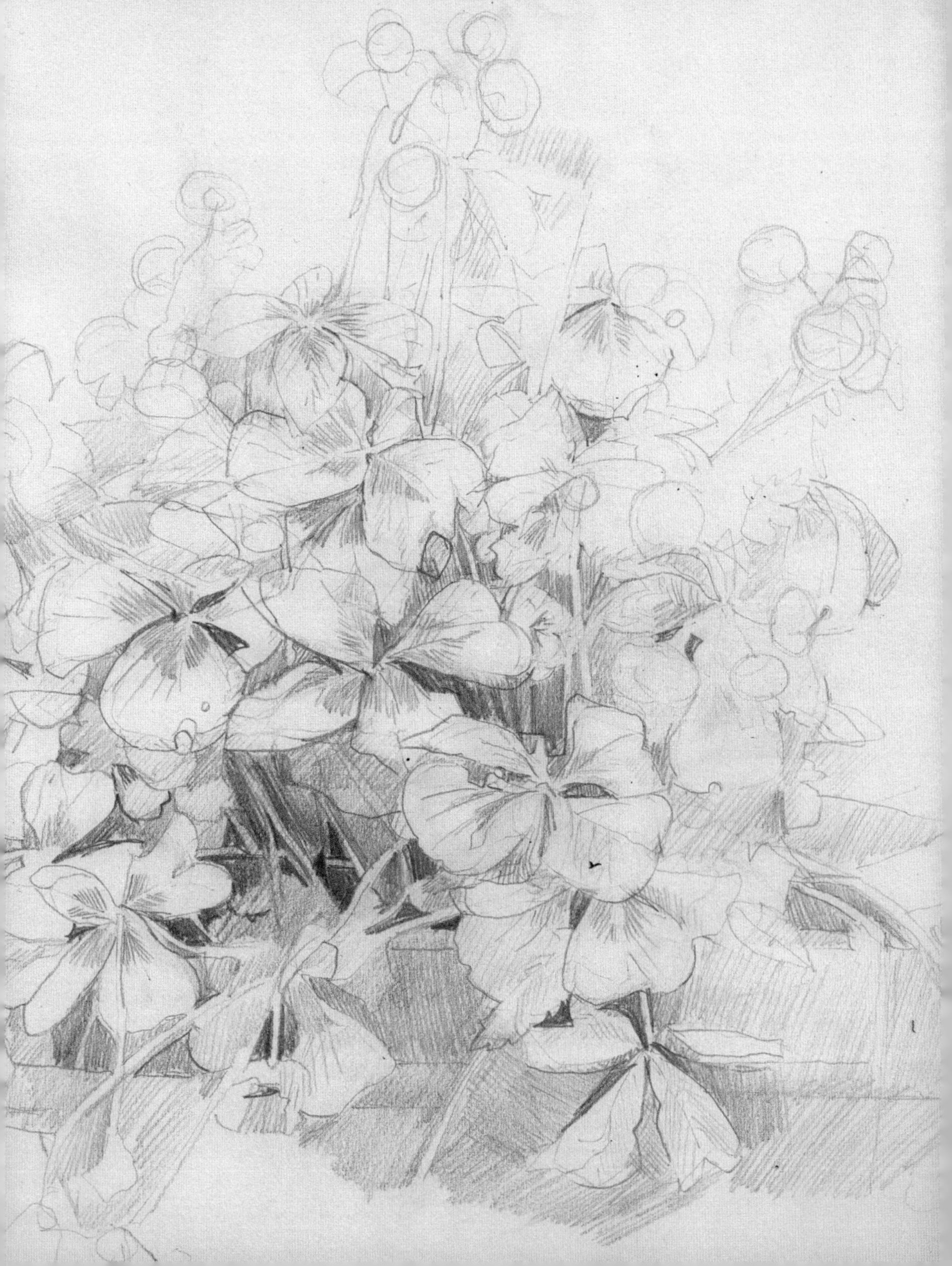

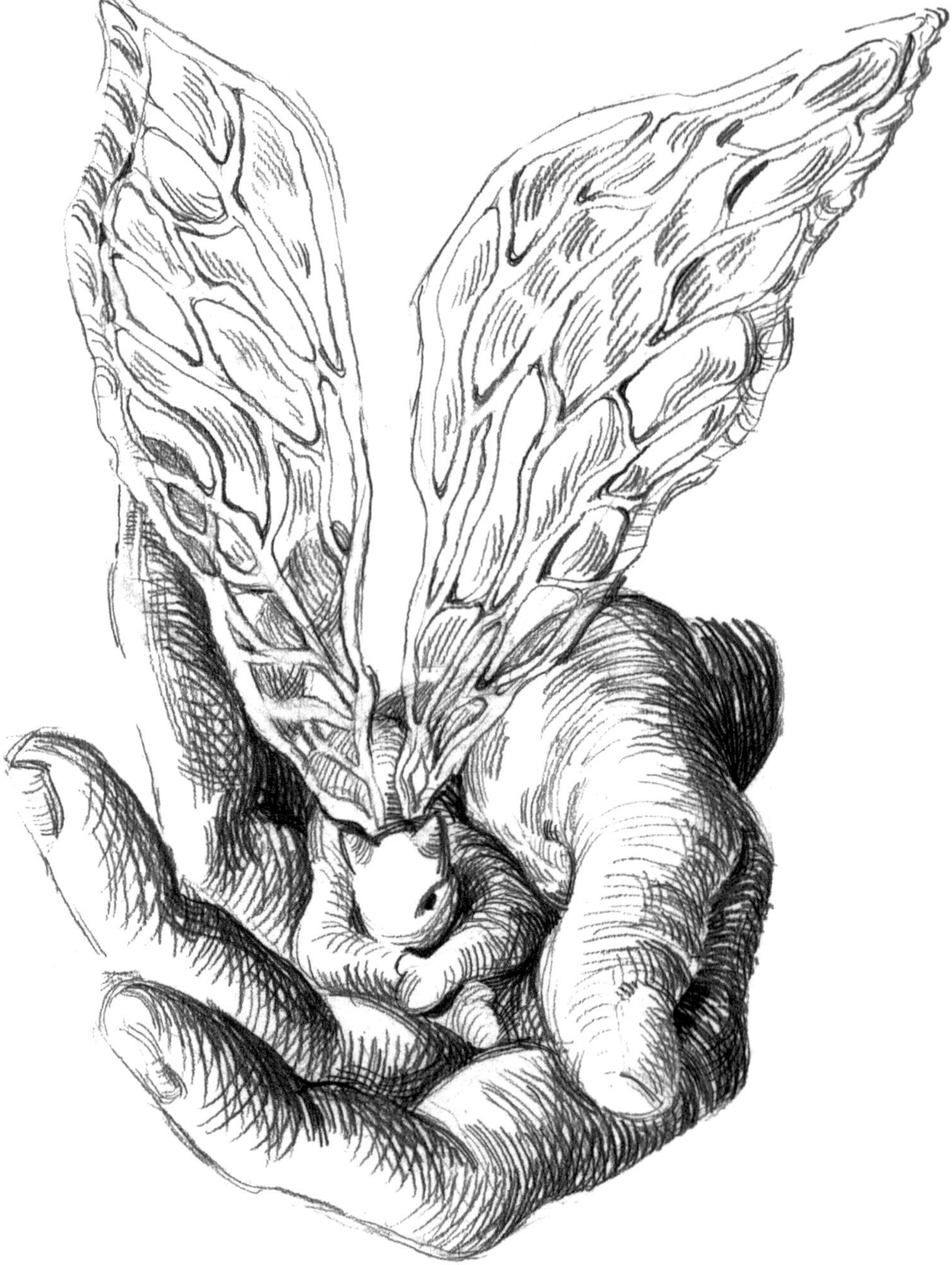

KREISSCHRAFFUR

Gegenüberliegende Seite: Lily Vie, *Small Angel*, Bleistift auf Papier, 2020

Rundes Schraffieren ähnelt der Schraffur und der Kreuzschraffur, aber die Linien sind geschwungen statt gerade; sie schmiegen sich um die zu zeichnende runde Form, wie ein Armband, das sich um ein Handgelenk legt. Auf diese Weise werden gerundete Flächen dargestellt. Der Vorteil einer runden gegenüber einer geraden Schraffur ist, dass Sie nicht nur einen Tonwert hinzufügen, sondern auch die Form des Objekts darstellen. Lily Vie verwendet diese Technik, um eine Hand zu zeichnen, die eine Figur hält.

SELBST AUSPROBIEREN

1. Zeichnen Sie einen leichten Umriss des Objekts mit einem spitzen Bleistift.

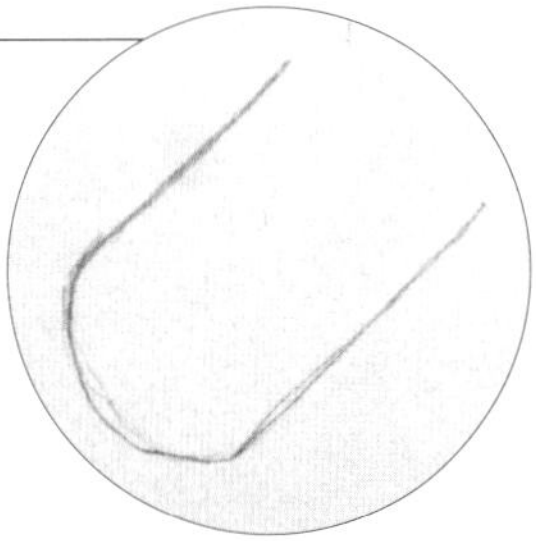

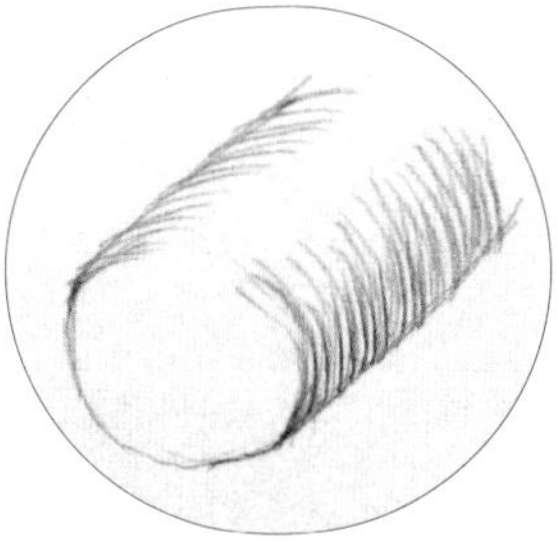

2. Folgen Sie den Rundungen des Motivs; dabei an den dunkelsten Stellen beginnen und mit geschwungen Linien schattieren.

3. Überlagern Sie geschwungene Linien mit Strichen, um einen dunkleren Tonwert zu erhalten (wie bei Kreuzschraffuren).

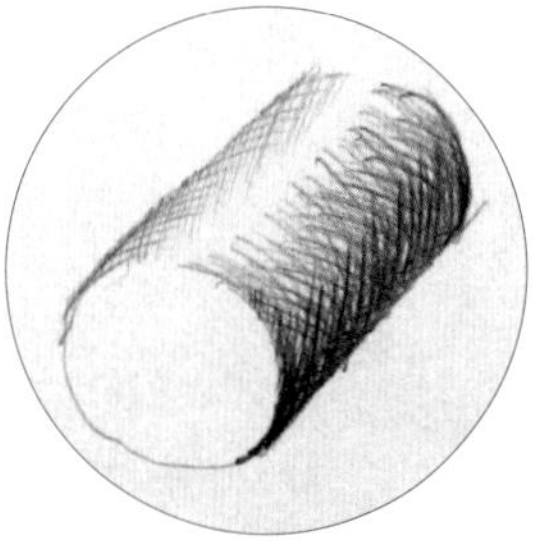

PUNKTIEREN

Hierbei wird ein Tonwert mit Punkten erzeugt. Wie beim Schraffieren lassen sich dunklere Stellen darstellen, indem die Punkte enger gruppiert werden, man etwas fester aufdrückt oder die Punkte vergrößert. Bei dieser Technik können kleine Punkte in beliebiger Anordnung kombiniert werden. So lässt sich auch etwas über die Oberflächenbeschaffenheit des Motivs ausdrücken: Kurze Striche können zum Beispiel Gras darstellen.

Mit wiederholt aufgetragenen Strichen oder Linien bringen Sie Textur und Abwechslung in Ihre Zeichnung. Die Beispiele hier zeigen, wie vielfältig diese Schattierungstechnik ist. Van Gogh war der Meister dieser Strichtechnik. Lassen Sie sich durch einige seiner Bleistiftporträts sowie Zeichnungen der Felder um Arles inspirieren. Sie werden sehen, wie abwechslungsreich er Punkte und Striche verwendete, um Textur und Bewegung zu erzeugen.

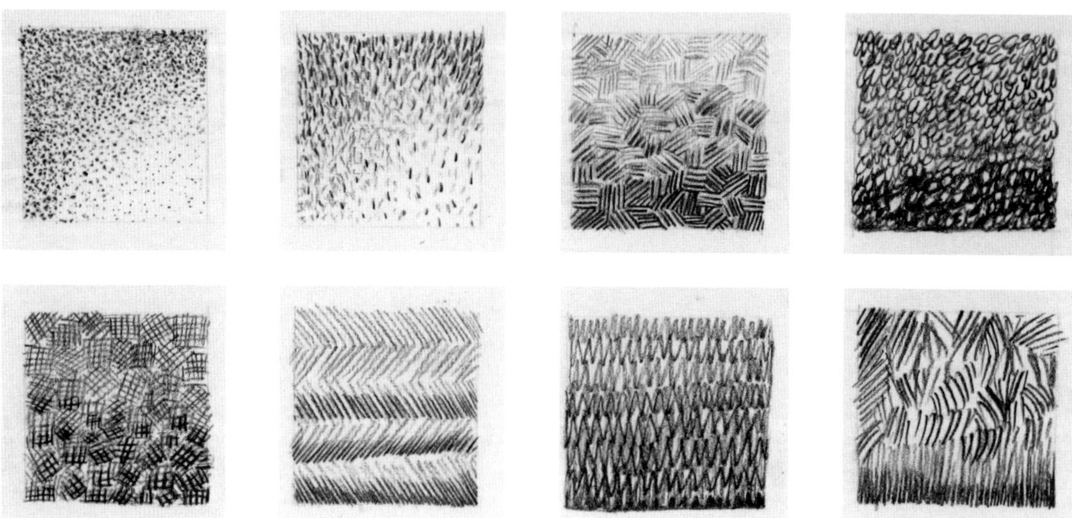

Die Punkte, Tupfen und Striche ergeben eine Vielzahl von Texturen. Sie können Ihr eigenes Vokabular entwickeln, um verschiedene Flächen darzustellen. Hier deuten kurze, stakkatoartige Striche stoppeliges Gras an, während längere geschwungene Linien Haare oder Fell suggerieren.

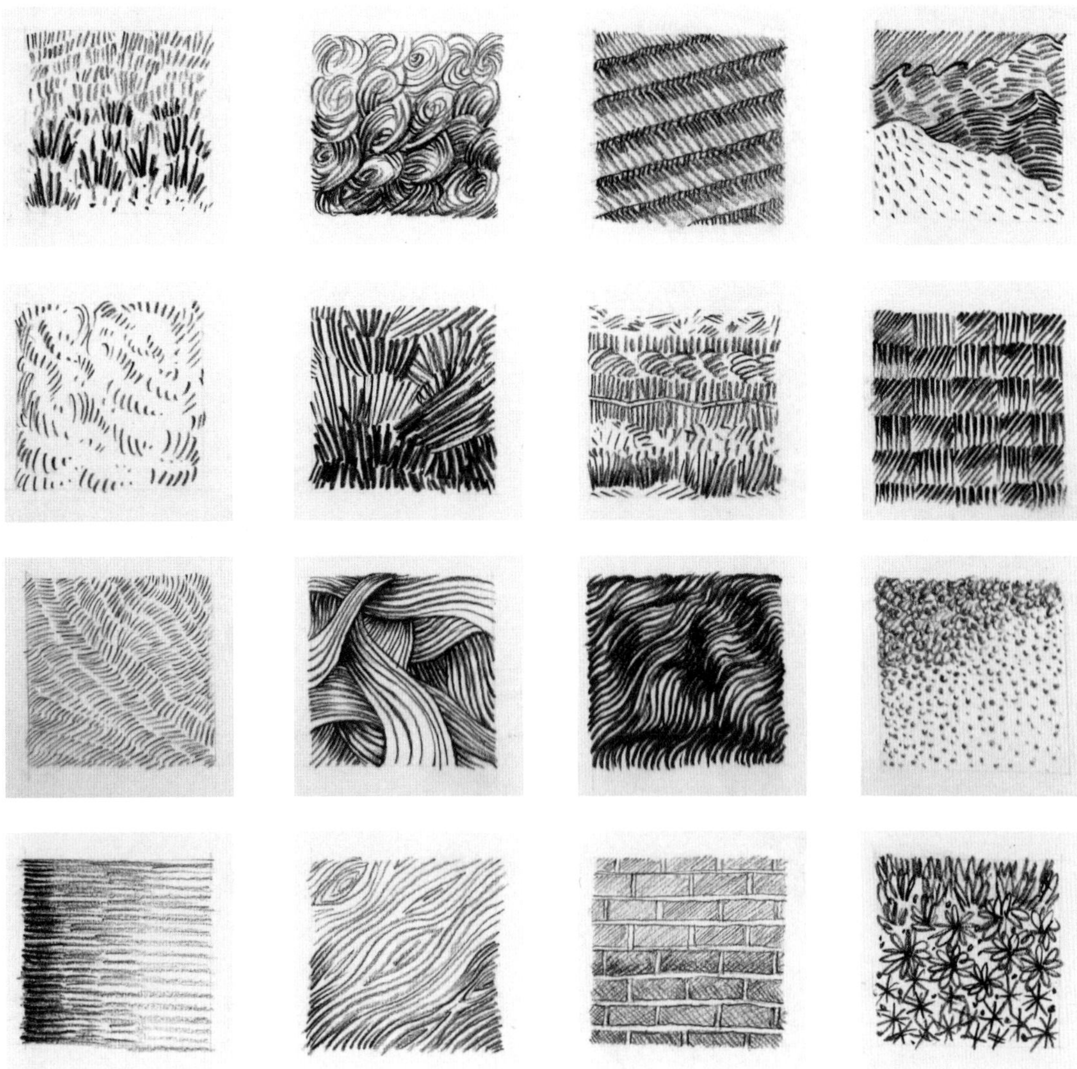

TEXTUR MIT KOMBINIERTEN STRICHEN ERZEUGEN

Wir haben uns mehrere Möglichkeiten angesehen, wie man Schattierungen und Tonwerte hinbekommt. Nun geht es darum, Textur zu erzeugen: Welche Richtung sollen die Linien nehmen? Wie dick oder dünn, hell oder dunkel sollen sie sein? Variieren Sie beim Zeichnen die Haltung des Stifts. Mit der Breitseite der Mine erhält man zum Beispiel eine dickere Linie (siehe S. 12).

SELBST AUSPROBIEREN

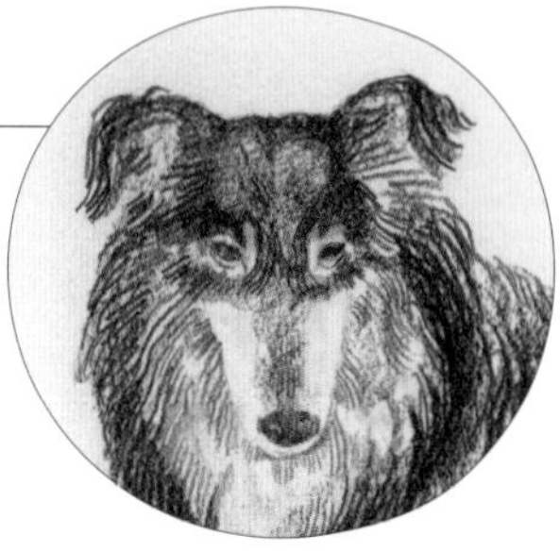

Lily Vie hat mit unterschiedlichen Linien gearbeitet, um die jeweilige „Stimmung" und das Aussehen von drei ganz verschiedenen Hunden festzuhalten. Für den Collie setzte sie die Striche in verschiedene Richtungen: horizontale Linien für die kürzeren Haare der oberen Kopfpartie und geschwungene, fließende Striche für den längeren Teil des Fells.

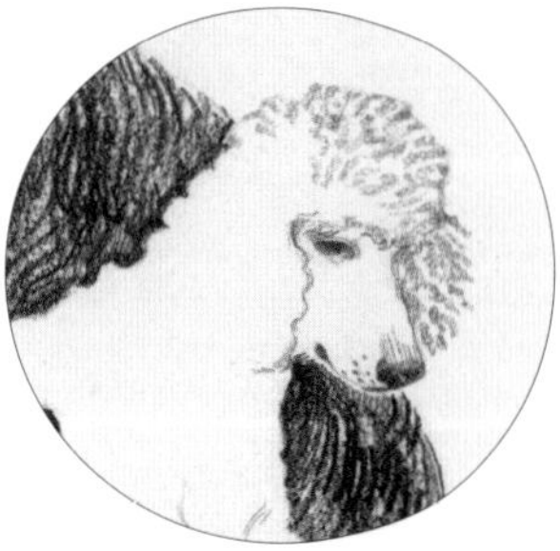

Für den Pudel hat sie die Linien anders kombiniert. Helle Striche, mit der Seite der Mine aufgetragen, bilden das flauschige Kopfhaar. Dadurch kommt die raue Oberfläche des Papiers zur Geltung, um die Textur des Haares zu unterstreichen. Gekritzelte Striche drücken die dichten Locken am Ohr des Hundes aus. Beide Formen der Strichführung verstärken den Eindruck des Hundefells.

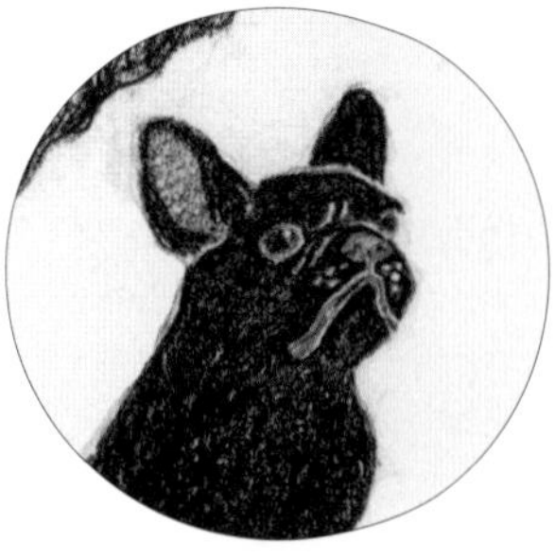

Das dichte, kurze Fell der Bulldogge ist dargestellt als eine dunkle Fläche, die kaum strukturiert ist. All diese verschiedenen Linien und Zeichen drücken die jeweilige Textur und Anmutung der Hunde aus.

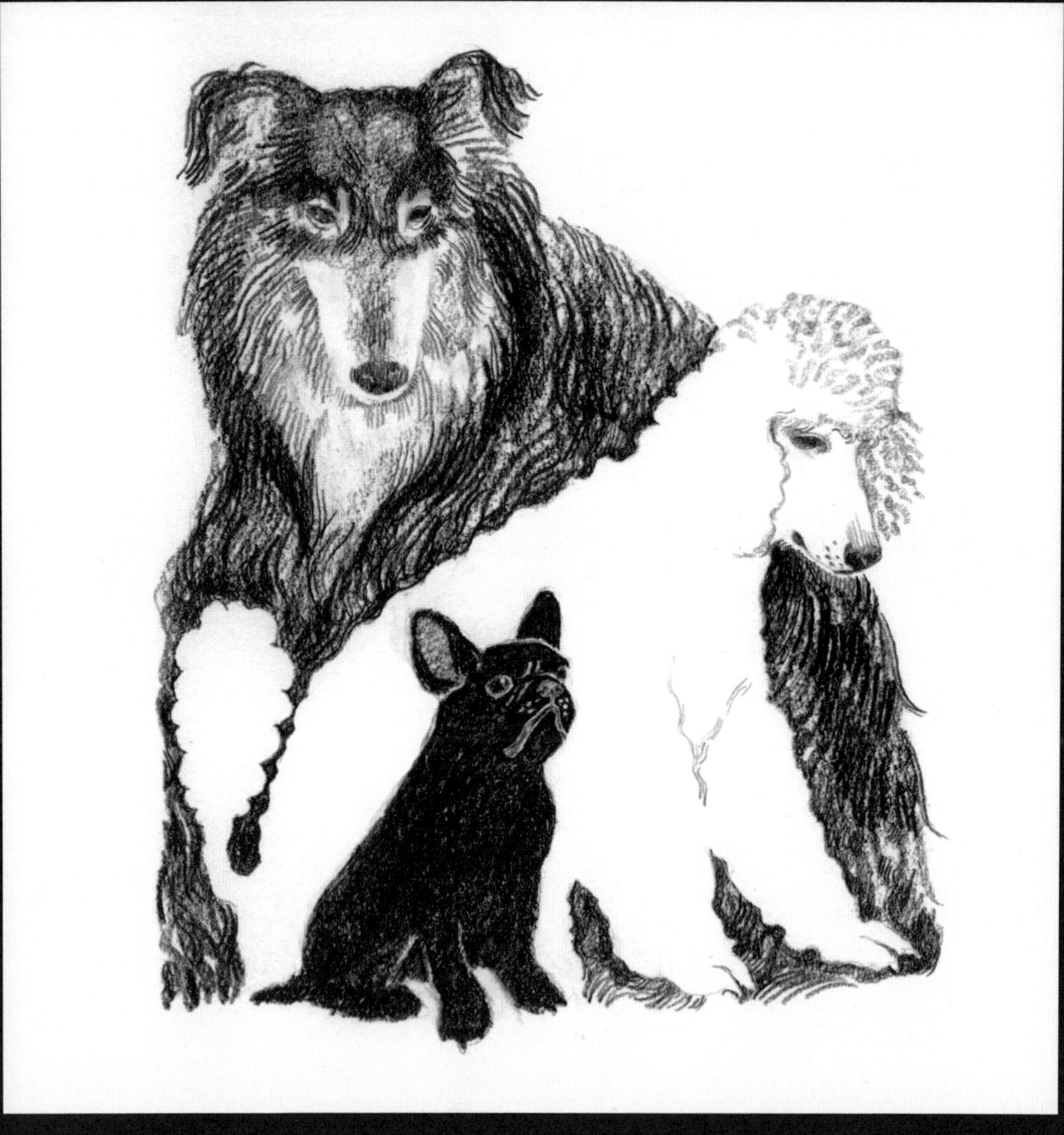

Lily Vie, *3 Dogs*, Bleistift und Grafitkreide auf Papier, 2020

DAS WESENTLICHE DES MOTIVS ERFASSEN

Zeichnungen müssen nicht immer realistisch sein. Bringen Sie auch das Lebhafte und das Wesentliche Ihres Motivs zum Ausdruck. Seien Sie expressiv und frei beim Zeichnen - Sie müssen nicht ordentlich arbeiten. Lassen Sie Ihre Kritzeleien sichtbar und korrigieren Sie sich nicht, während Sie zeichnen.

Peony Gent hat mit lebendigen, kräftigen Linien gearbeitet, um den Trubel in einem Café zu vermitteln. Die gekritzelten dunklen Linien des Kamins verlaufen in alle Richtungen, was eine Art Hektik suggeriert, die mit der Vorstellung eines betriebsamen Cafés übereinstimmt, auch wenn hier keine Menschen zu sehen sind. Die lebhaften Linien haben einen ganz eigenen Charakter und Charme.

SELBST AUSPROBIEREN

Unbeschwert zeichnen
Kümmern Sie sich nicht um Genauigkeit - es geht nur darum, ein Gefühl für den Ort zu vermitteln.

Schnell arbeiten
Halten Sie Ihre Hand in Bewegung. Wenn Sie ins Stocken kommen, machen Sie woanders weiter.

Unterschiedliche Strichführung
Verwenden Sie Muster und Linien und setzen Sie Striche in verschiedene Richtungen, um die Beschaffenheit diverser Flächen anzudeuten.

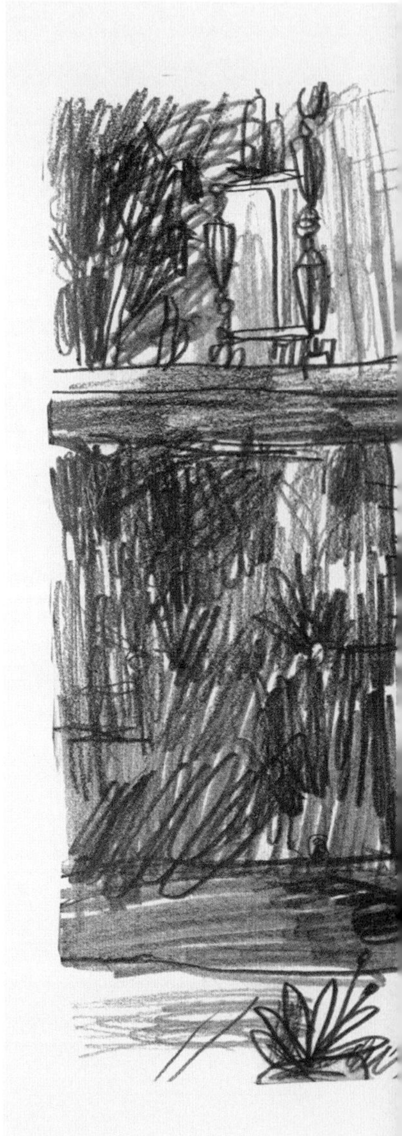

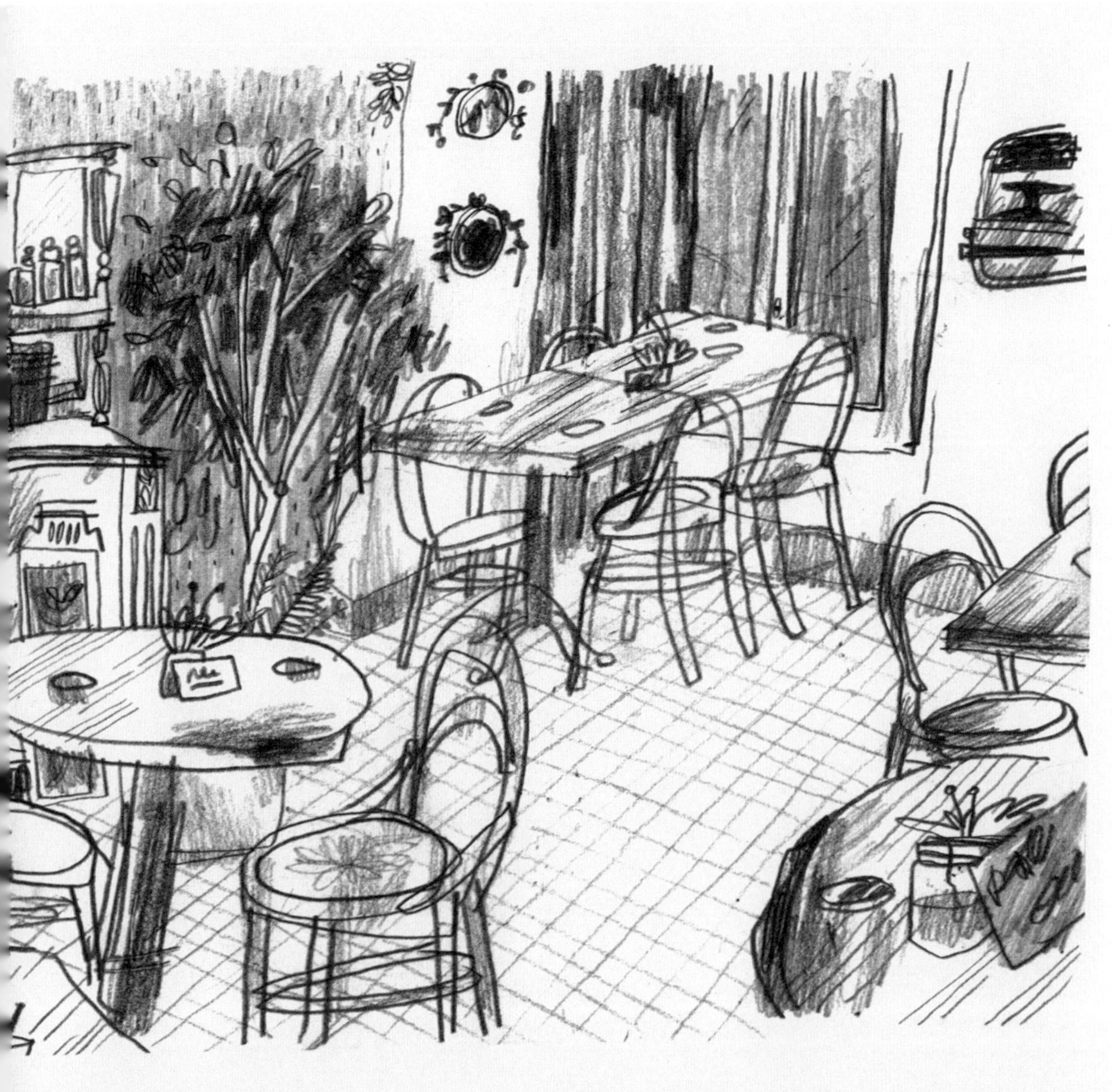

Peony Gent, *Paradise Palms*, Bleistift auf Papier, 2016

MIT TONWERTEN ZEICHNEN

Unten:
Eve Blackwood,
Rowan and Gil,
Bleistift und
Blender-Stift auf
Papier, 2020

Wie bereits auf S. 20 gesehen, beginnt man bei einer Zeichnung, die verschiedene Töne enthält, mit dem einfachsten visuellen Eindruck dessen, was man sieht - mit hellen und dunklen Formen, ohne Details und ohne deutliche Umrisse. Kneifen Sie dazu die Augen zusammen: Das Motiv wird unschärfer, der Fokus weicher; die Szenerie erscheint als eine Reihe von Formen und nicht als etwas Erkennbares. Finden Sie die dunkelsten Stellen und gestalten Sie sie mit einem weichen Bleistift (6B wäre eine gute Wahl) so dunkel wie möglich. Das gibt Ihnen mehr Spielraum für eine breite Palette von Grautönen.

Wechseln Sie auch einmal Ihre Haltung des Stifts. Wenn Sie mit der Breitseite zeichnen, bekommen Sie das Gefühl einer besseren Verbindung zwischen Körper und Stift. Sie können fester auf das Papier drücken, und die Bewegungen und das Gewicht Ihres Arms werden direkt in die Zeichnung übertragen.

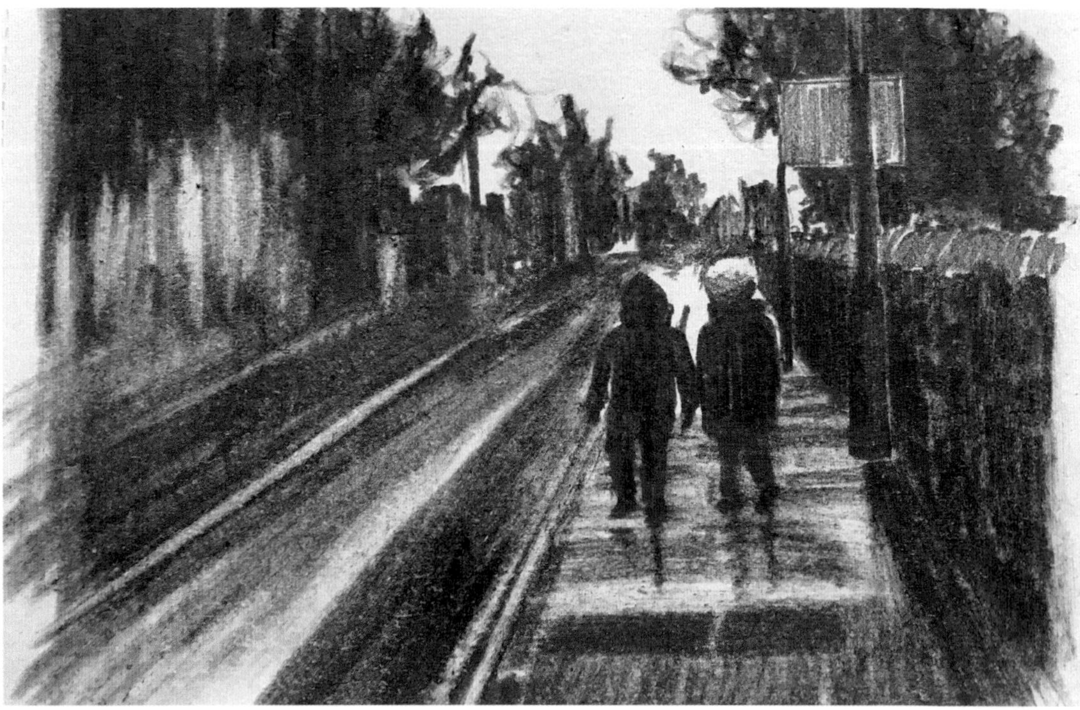

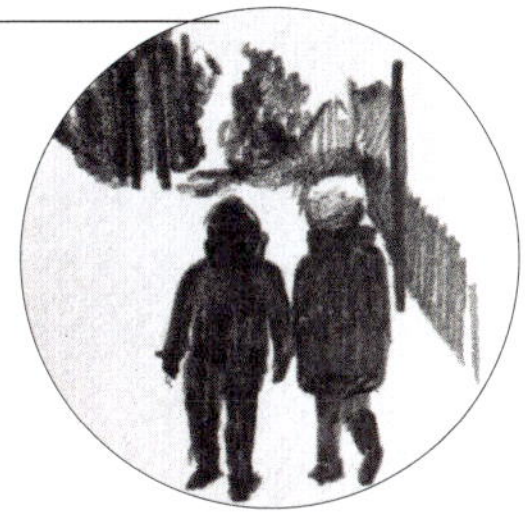

1. Legen Sie zuerst die dunkelsten Formen mit einem weichen Bleistift flächenmäßig an; hier wurde durchgängig ein 10B-Bleistift verwendet.

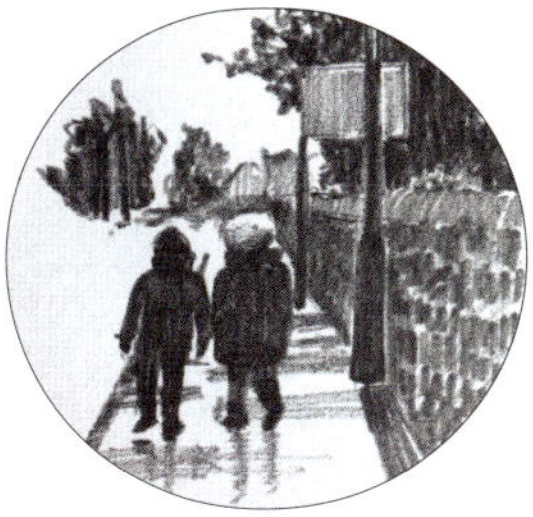

2. Danach fügen Sie Details hinzu, um den Elementen Muster und Rhythmus zu verleihen. Die Mauerfläche besteht aus einer Reihe regelmäßiger, kurzer Striche, während der Baum aus Schlangenlinien gebildet ist, die das Blattwerk andeuten.

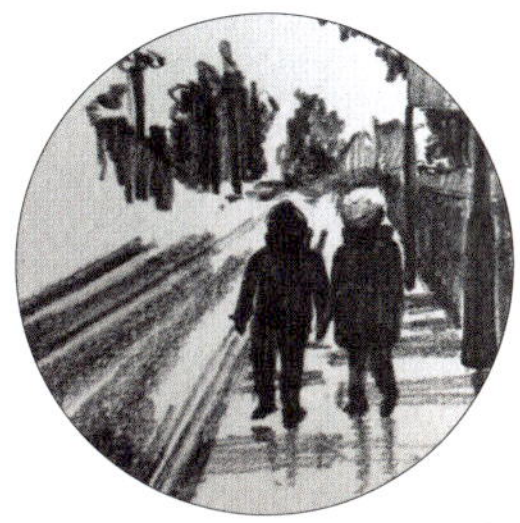

3. Überlegen Sie fortwährend, welche Linien oder Striche Sie für bestimmte Dinge verwenden. Die Spiegelungen der nassen Straße wurden hier mit längeren Strichen gezeichnet, sodass sie eine glänzende Fläche suggerieren.

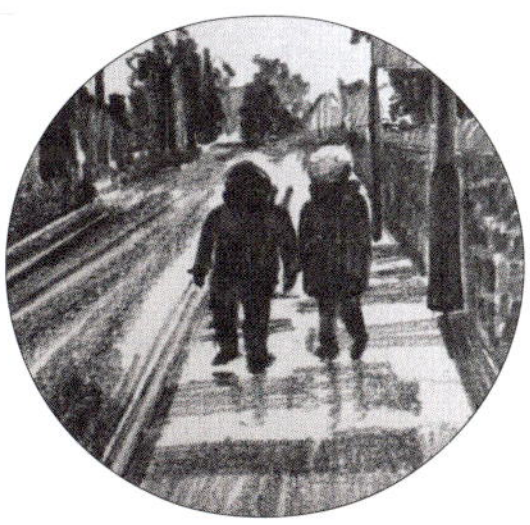

4. Zum Schluss wurde die Zeichnung mit einem Radiergummi und einem Blender-Stift verwischt, um die regnerische Stimmung zu unterstreichen.

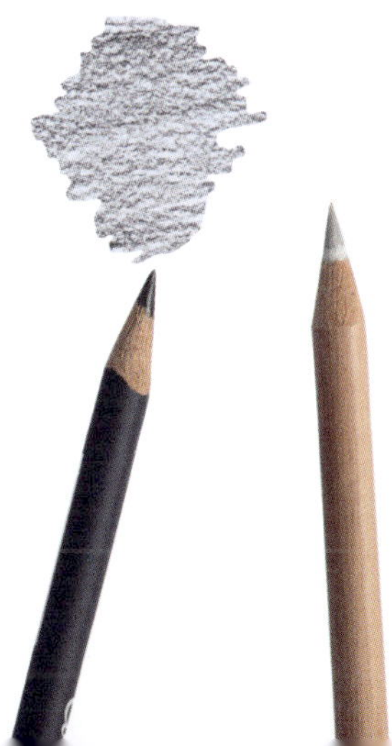

VERWISCHEN

Das Verwischen ist eine Technik, bei der Sie mit dem Finger oder einem Tortillon Grafit in die Papierfläche einarbeiten. So schaffen Sie in Ihrer Zeichnung einen fließenden Übergang zwischen Licht und Schatten.

In dieser Zeichnung wurden die Tonwerte mit Schraffuren und Kreuzschraffuren angelegt und dann verwischt, um einen fließenden Übergang zu erhalten. Die Wolken am Himmel entstanden, indem das Grafit, das den Baum oben sehr dunkel schattiert, über das Papier verwischt wurde, und die helleren Wolkenränder wurden vorsichtig mit der Kante eines Radiergummis ausradiert.

SELBST AUSPROBIEREN

1. Berücksichtigen Sie wie beim Punktieren (S. 30) die Oberfläche Ihres Motivs und legen Sie mit dem Bleistift entsprechende Grafitschichten an, bevor Sie sie verwischen. Um große Flächen mit gleichmäßigem Tonwert zu erhalten, sind Schraffuren und Kreuzschraffuren die einfachste Lösung.

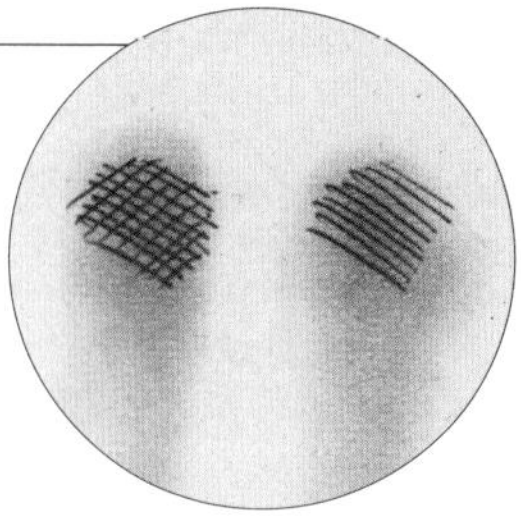

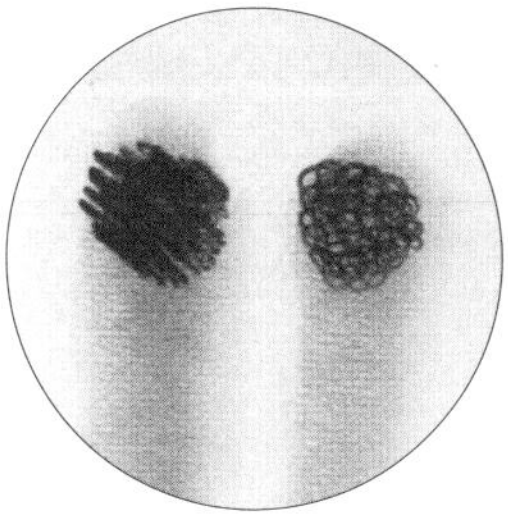

2. Nehmen Sie mit dem Tortillon das Grafit auf und verteilen Sie es an anderen Stellen; mit der Spitze des beschmutzten Papierwischers können Sie die Verwischungsspuren verändern.

3. Wenn Sie das Grafit mit Ihrem Finger verwischen, erhalten Sie eine glattere, größere Fläche mit verschwommenem Ton.

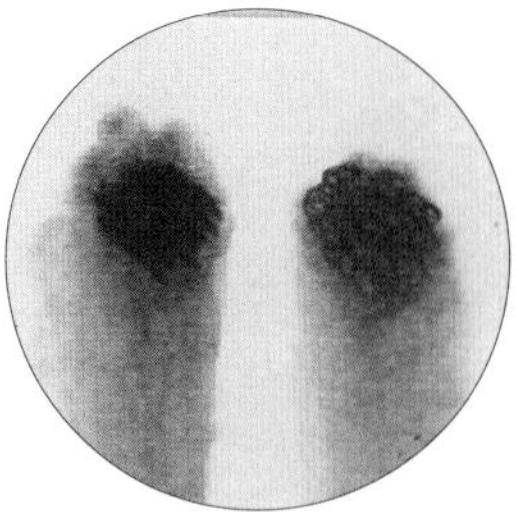

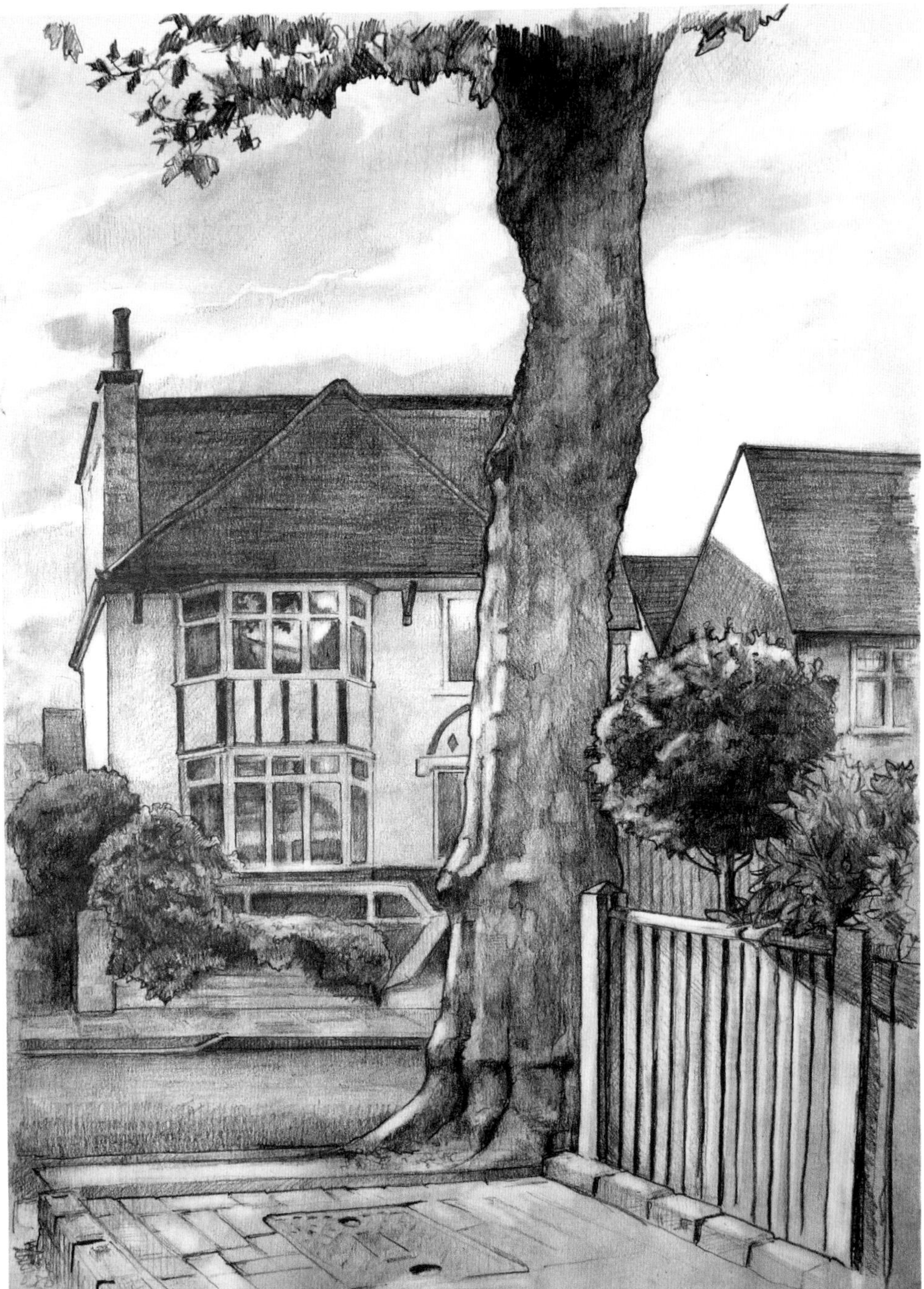

Selwyn Leamy, *The House Across the Street*, Bleistift auf Papier, 2020

RÄUMLICHE TIEFE MIT LINIEN ERZEUGEN

Gegenüberliegende Seite: Selwyn Leamy, *Studio Window*, Bleistift auf Papier, 2021

Unterschiedliche Tonwerte suggerieren räumliche Tiefe. Im Allgemeinen erscheinen hellere Töne weiter weg, dunklere Töne näher. Dieses natürliche Phänomen ist die sogenannte atmosphärische Perspektive. Nutzen Sie diesen Effekt, um die Tiefenwirkung zu verstärken, auch wenn es sich bei Ihrer Zeichnung nicht um eine Landschaft handelt.

Hier sind die Objekte im hinteren Tischbereich und die Szene jenseits des Fensters mit helleren Linien gezeichnet, wodurch sie weiter entfernt erscheinen. Auch in Strichzeichnungen lässt sich Tiefe suggerieren, indem man Stärke und Intensität der Linien variiert. Zeichnungen mit unterschiedlichen Tonwerten (siehe S. 20 und 36) sind eine weitere Möglichkeit, die Wirkung der atmosphärischen Perspektive zu erkunden.

SELBST AUSPROBIEREN

1. Legen Sie beginnend am oberen Rand Ihres Blattes mit der Seite des Bleistifts einen hellen Bereich an.

2. Während Sie sich dann nach unten vorarbeiten, drücken Sie etwas fester auf den Stift, um mittlere Töne zu erhalten.

3. Zum Schluss noch fester aufdrücken, um dunkle Töne im Vordergrund hinzuzufügen. Nochmals den Bereich bearbeiten, um ihn deutlich abzudunkeln.

4. Nach Belieben etwas verwischen, um der Schattierung ein glatteres, nebligeres Aussehen zu geben.

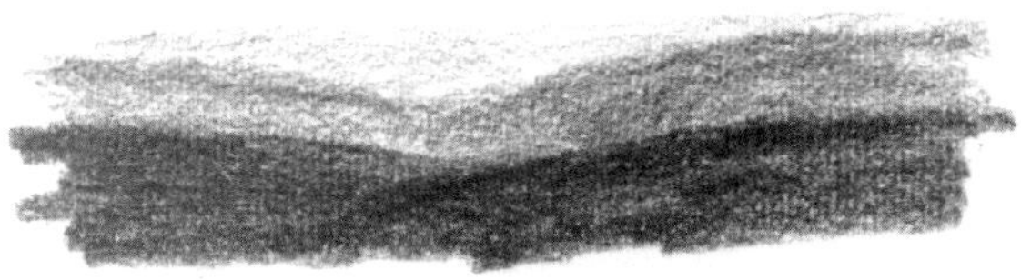

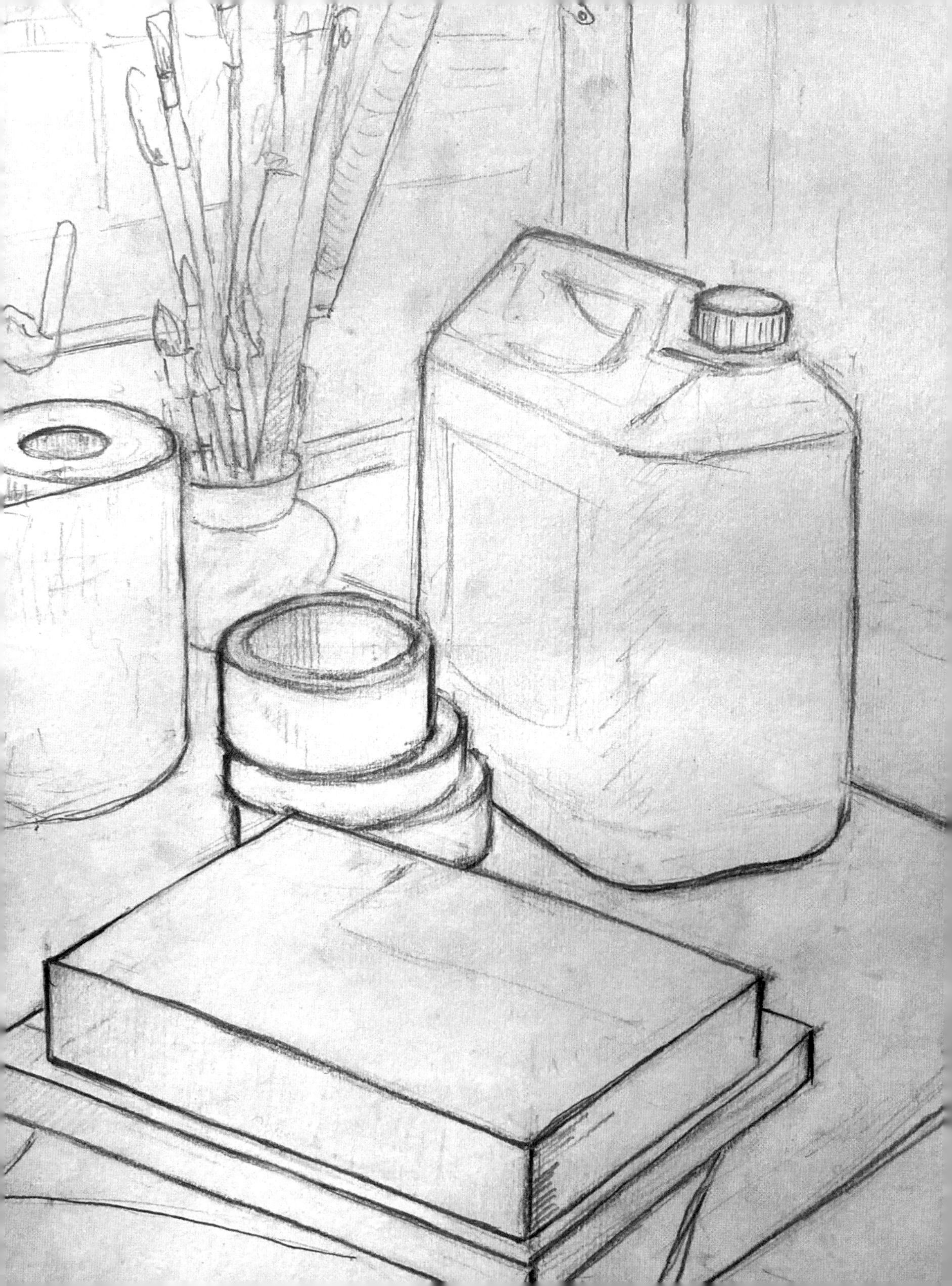

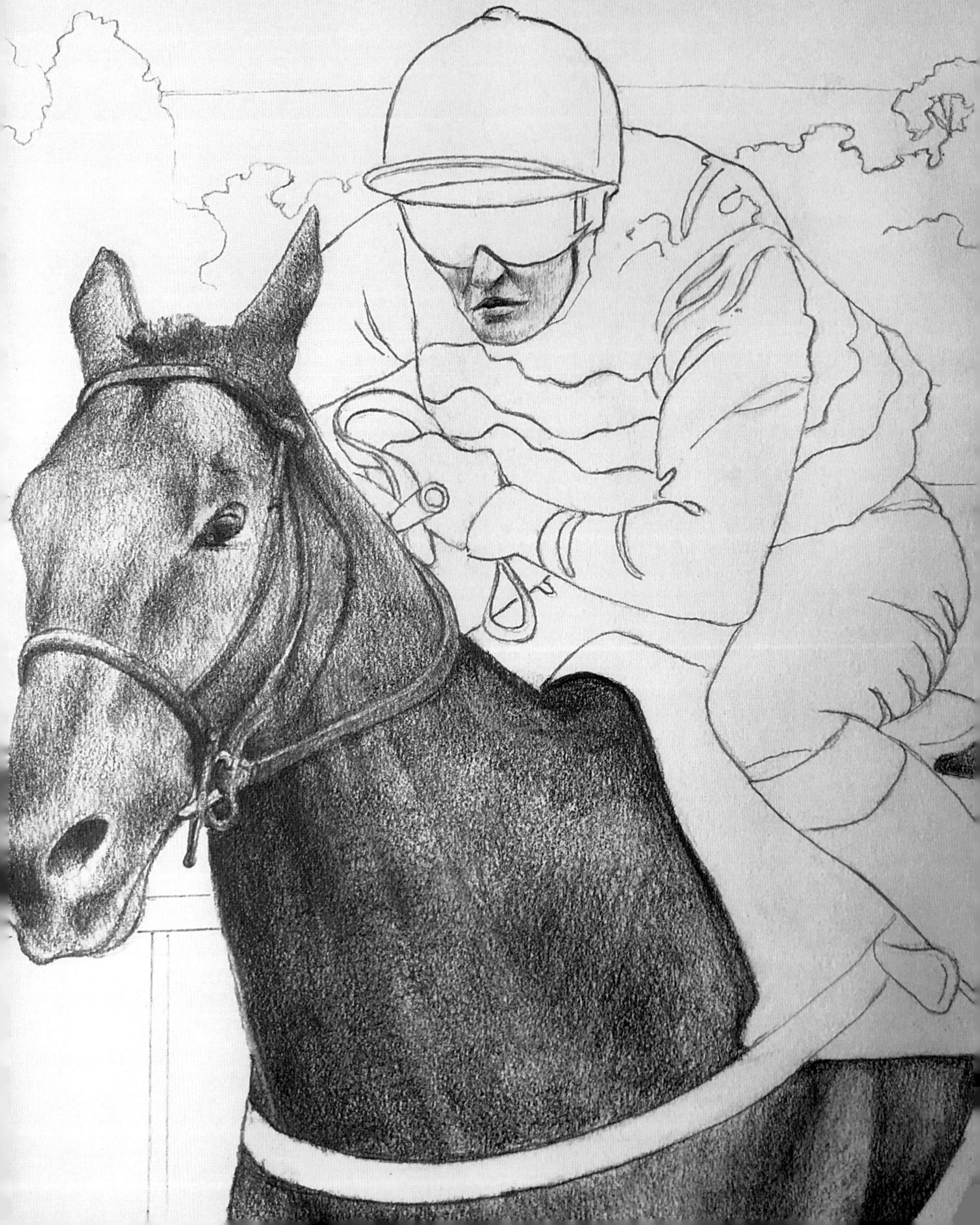

LINIEN UND TONWERTE KOMBINIEREN

Gegenüberliegende Seite: Selwyn Leamy, *2.10 Chepstow*, Bleistift auf Papier, 2021

Eine Zeichnung kann schnell überfrachtet werden, wenn man alles einbezieht, was sich dem Auge bietet. Manchmal sollte alles Überflüssige ausgeblendet werden. Eine Möglichkeit, dies zu erreichen, ist, Strichzeichnungen mit tonalen Bereichen zu kombinieren, damit das zentrale Thema deutlich wird.

Hier wurden einige Bereiche abgetönt, um die Aufmerksamkeit auf die wichtigsten Teile der Zeichnung zu lenken. Die satten Töne des Pferdes betonen seine Kraft und Muskulatur, und die helleren Töne im Gesicht des Jockeys akzentuieren seine Konzentration. Die restliche Szene besteht aus klaren Linien, um nicht vom Wesentlichen abzulenken. Deswegen wurde die Komposition erst mit einem harten Bleistift skizziert, danach wurden die Konturen dunkler umrissen. Verwischungen bringen den Glanz des Pferdefells hervor. Einen Teil seiner starken Wirkung erzielt das Bild durch den großen Anteil weiß belassener Fläche.

SELBST AUSPROBIEREN

Unerwünschtes Verwischen vermeiden

Um das Papier sauber zu halten, legen Sie ein weiteres Blatt unter Ihre zeichnende Hand.

Klare Ränder zeichnen

Bevor Sie bestimmte Stellen abtönen, decken Sie die Bereiche, die weiß bleiben sollen, mit lösbarem Klebeband ab. Dann das Grafit bis zu dessen Rändern und darüber hinaus verwischen, bis sich ein scharfer Rand abzeichnet. Mithilfe einer Papierkante und eines Radiergummis erhalten Sie ebenfalls eine saubere Kante.

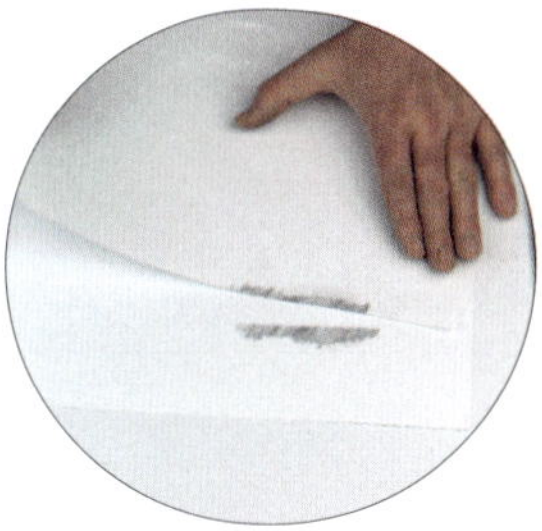

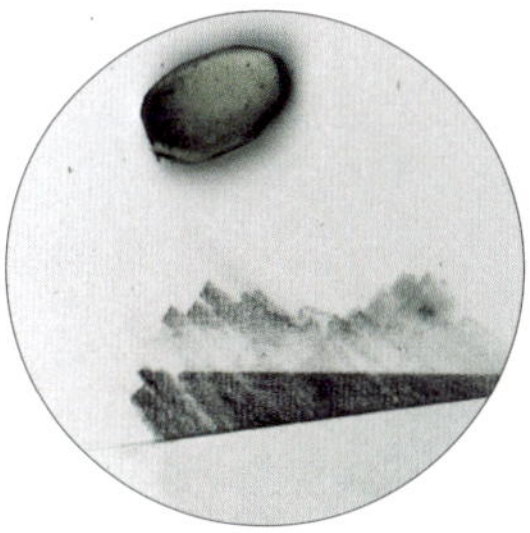

AUFHELLUNGEN MIT DEM RADIERGUMMI

Die ersten Striche auf dem Papier müssen nicht unbedingt sichtbar bleiben. Beginnen Sie mit dunklen Tönen und radieren Sie diese dann aus, um das helle Papier wieder freizulegen. Tragen Sie immer wieder etwas Bleistift auf und radieren Sie ihn aus, bis Sie das Gefühl haben, die Zeichnung ist fertig.

Diese im irischen Kerry entstandene Landschaftszeichnung von Jonathan Farr hat viele Veränderungen durchlaufen. Es herrscht ein starker Kontrast zwischen Hell und Dunkel, wodurch ein dramatischer Eindruck von Formen, Entfernungen, Stimmung und Größenordnung entsteht.

SELBST AUSPROBIEREN

1. Füllen Sie zunächst eine Fläche mit einem weichen Bleistift (z. B. 6B) aus.

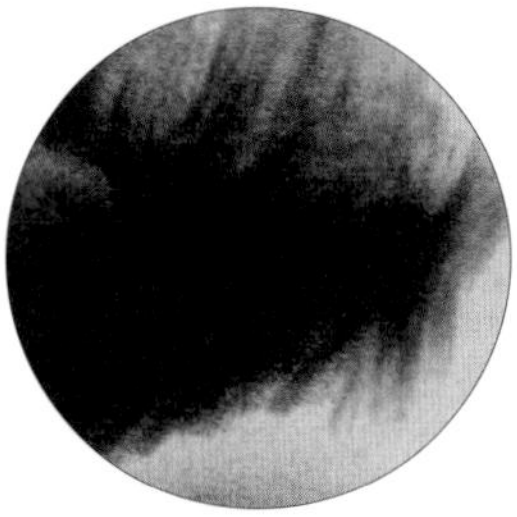

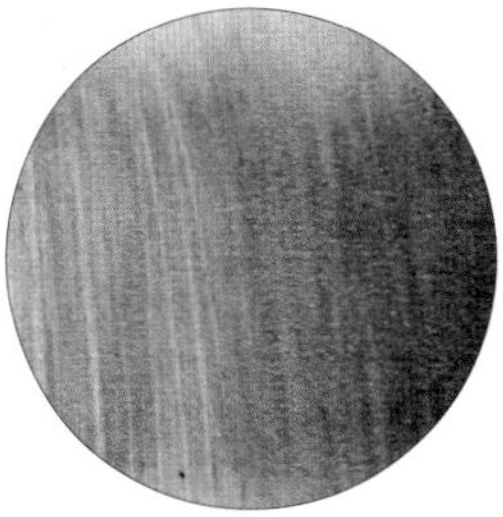

2. Verwischen und glätten Sie den dunklen Bereich mit einem Stück Papier, einem Tortillon oder mit dem Finger.

3. Erzeugen Sie mit dem Radiergummi Formen und Flecken.

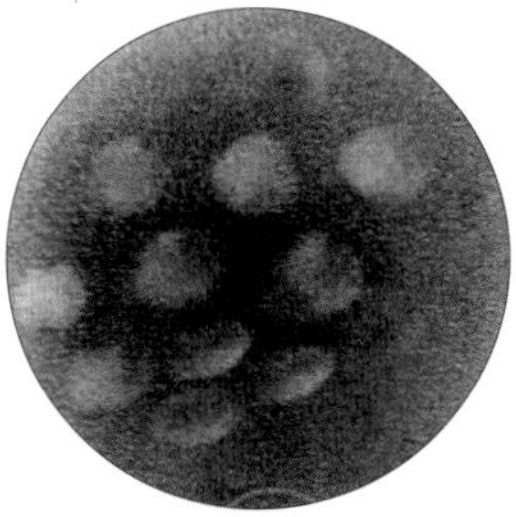

Tipp: Den Kunststoffradierer mit einem Messer anspitzen, um eine scharfe Kante zu erhalten, oder einen Knetradiergummi benutzen, der sich in viele (spitze) Formen kneten lässt.

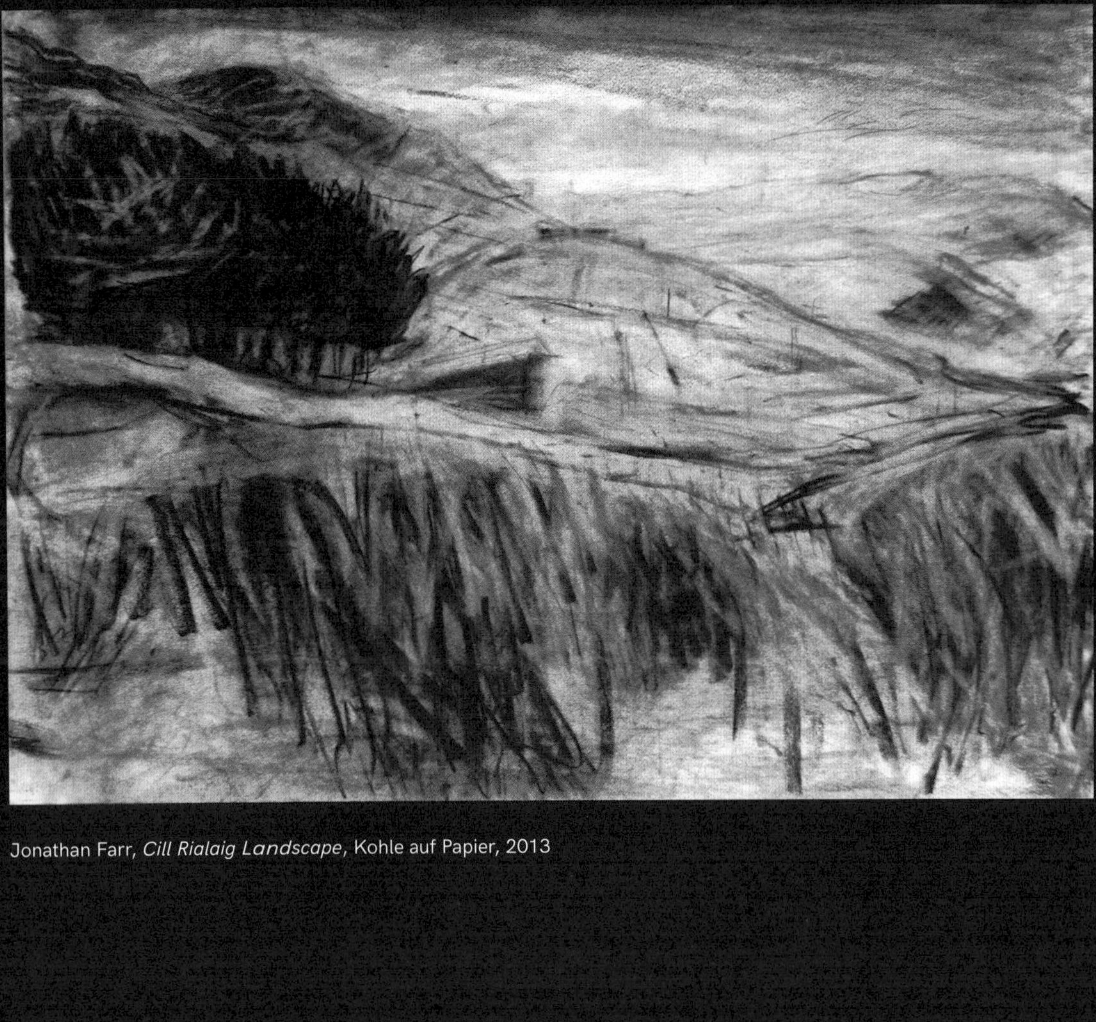

Jonathan Farr, *Cill Rialaig Landscape*, Kohle auf Papier, 2013

AUFHELLEN UND DETAILS HINZUFÜGEN

Wenn Sie Ihrer Zeichnung mehr Schärfe geben wollen, nachdem Sie bestimmte Stellen abgetönt und bestimmte Stellen dann mit dem Radierer aufgehellt haben, können Sie mehrere differenzierte Tonwerte anlegen, die auch Details enthalten. Diese Technik eignet sich gut für eher verschattete Umgebungen wie das Innere dieser Kirche.

SELBST AUSPROBIEREN

1. Verwenden Sie Klebeband, um die Ränder Ihrer Zeichnung zu definieren. Tragen Sie mit der Seite eines weichen Bleistifts abgetönte Flächen über das gesamte Papier auf. Danach diese Abtönungen möglichst gleichmäßig verwischen, sodass ein Bereich von Mittel- bis Dunkelgrau entsteht.

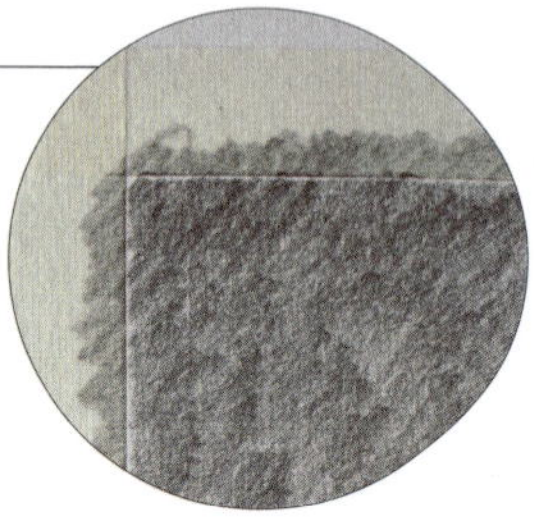

2. Arbeiten Sie Ihr Motiv durch Aufhellungen etwas heraus, indem Sie die entsprechenden Stellen vorsichtig frei radieren. Nun die hellen Stellen bearbeiten, um das Weiß des Papiers hervorzuheben.

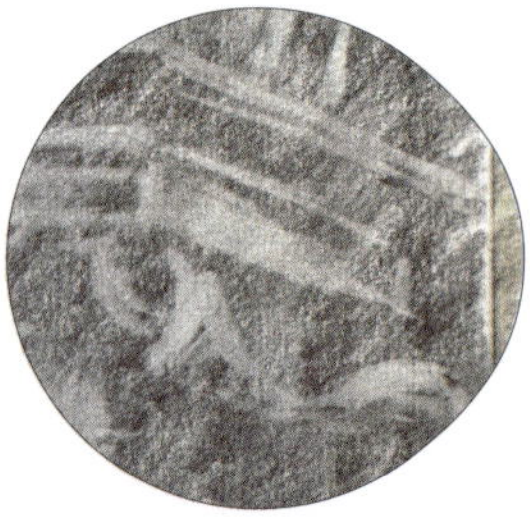

3. Erzeugen Sie Tiefe , indem Sie die tiefsten Schatten mit weichem Bleistift nachdunkeln. Ihr Bild sieht in diesem Stadium immer noch recht unscharf und verschwommen aus.

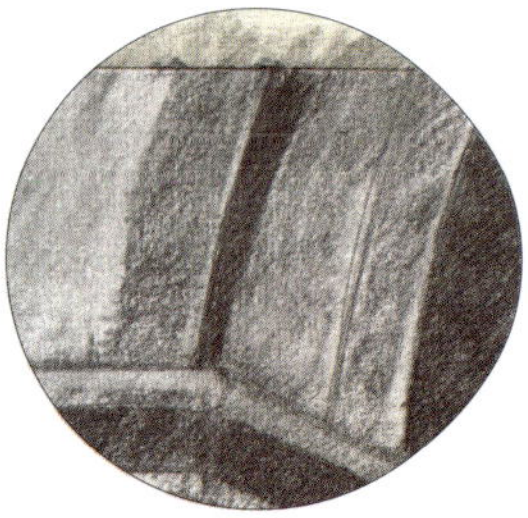

4. Sorgen Sie abschließend mit spitzem Bleistift für Bildschärfe, um die Details auszuarbeiten.

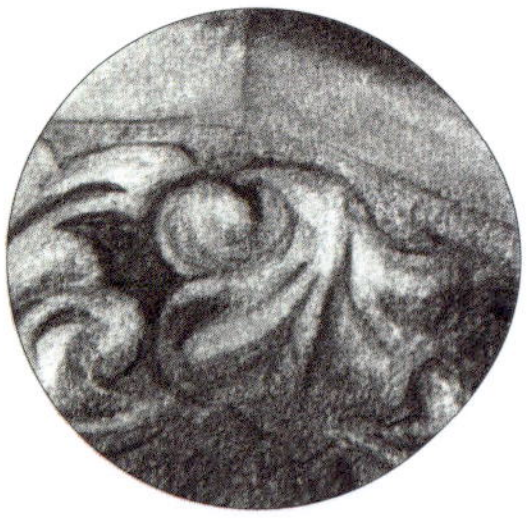

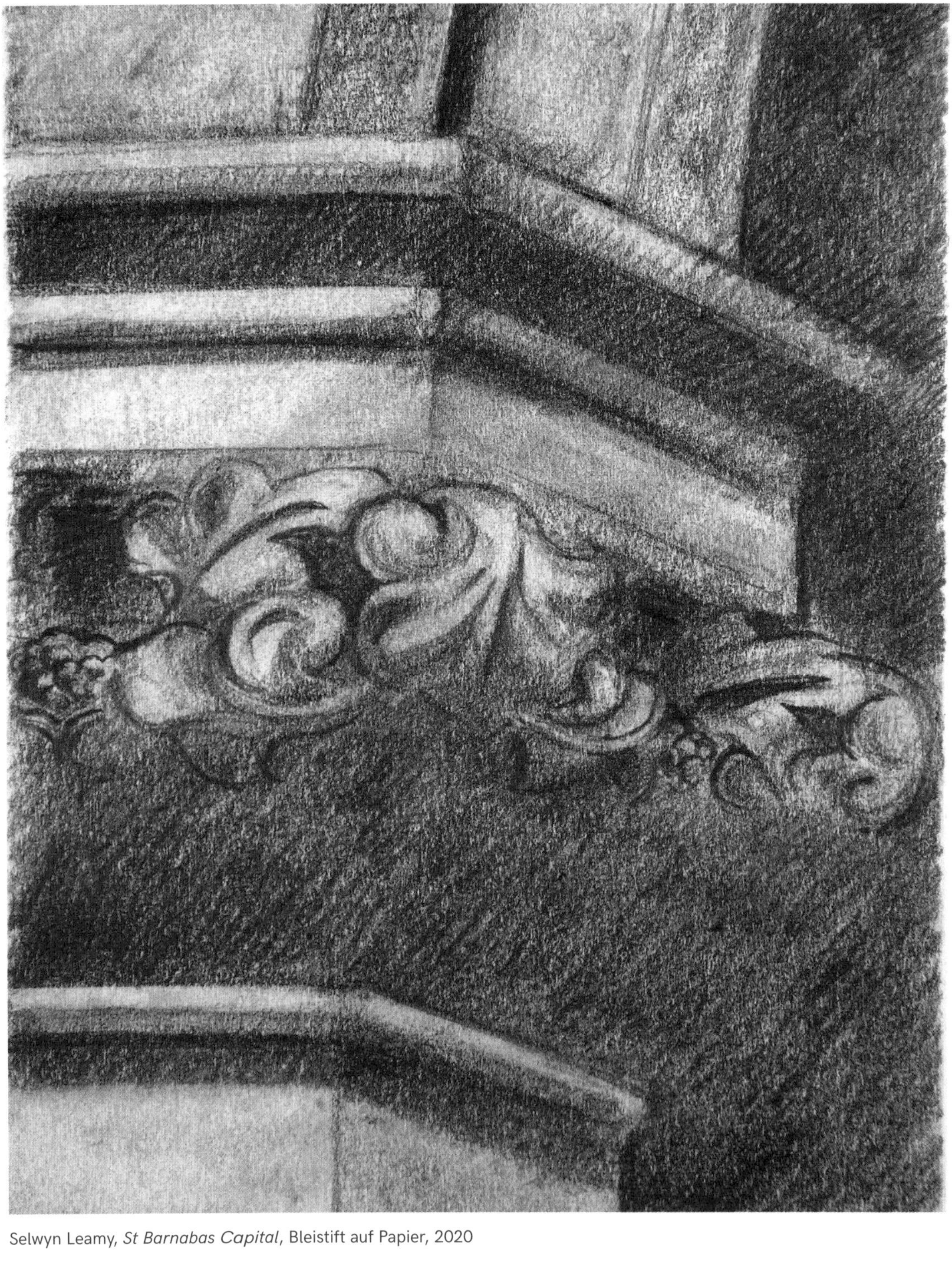

Selwyn Leamy, *St Barnabas Capital*, Bleistift auf Papier, 2020

HARTE BLEISTIFTE FÜR SCHARFE DETAILS

Beim Zeichnen kommt es auf die Wahl des richtigen Bleistifts an. Ein harter Bleistift erfreut dadurch, dass er länger spitz bleibt, immer wieder aufs Neue klare, feine Linien zeichnet und die nötige Präzision für Details bietet. Soll die Szenerie eher dramatisch und finster wirken, ist dagegen ein weicherer, dunklerer Stift das richtige Werkzeug.

Bei dieser Zeichnung geht es nicht um tiefe, dunkle Töne, sondern um Exaktheit und Feinheiten, um das Erforschen der Details, der zarten Muster des Blattes. Bevor Sie anfangen zu zeichnen, schauen Sie sich Ihr Motiv in Ruhe genau an. Für eine detaillierte Zeichnung wie diese sollten zunächst die Form und die wichtigsten Merkmale des Motivs skizziert werden. Sobald das Gerüst Ihrer Zeichnung steht, gestalten Sie die Feinheiten. Überprüfen Sie Ihr Motiv während des Zeichnens immer wieder. Details können einschüchternd sein, doch wenn Sie sich Zeit nehmen, werden Sie erstaunliche Ergebnisse erzielen, und sie zu zeichnen, kann eine sehr erfüllende Beschäftigung sein.

Tipp: Bei dieser Technik geht es allein um Genauigkeit, daher ist es entscheidend, dass Sie mehr auf Ihr Motiv achten als auf Ihr Blatt Papier.

Gegenüberliegende Seite: Jane Fisher, *Tilia americana (American basswood)*, Blei- und Buntstift auf Papier, 2020

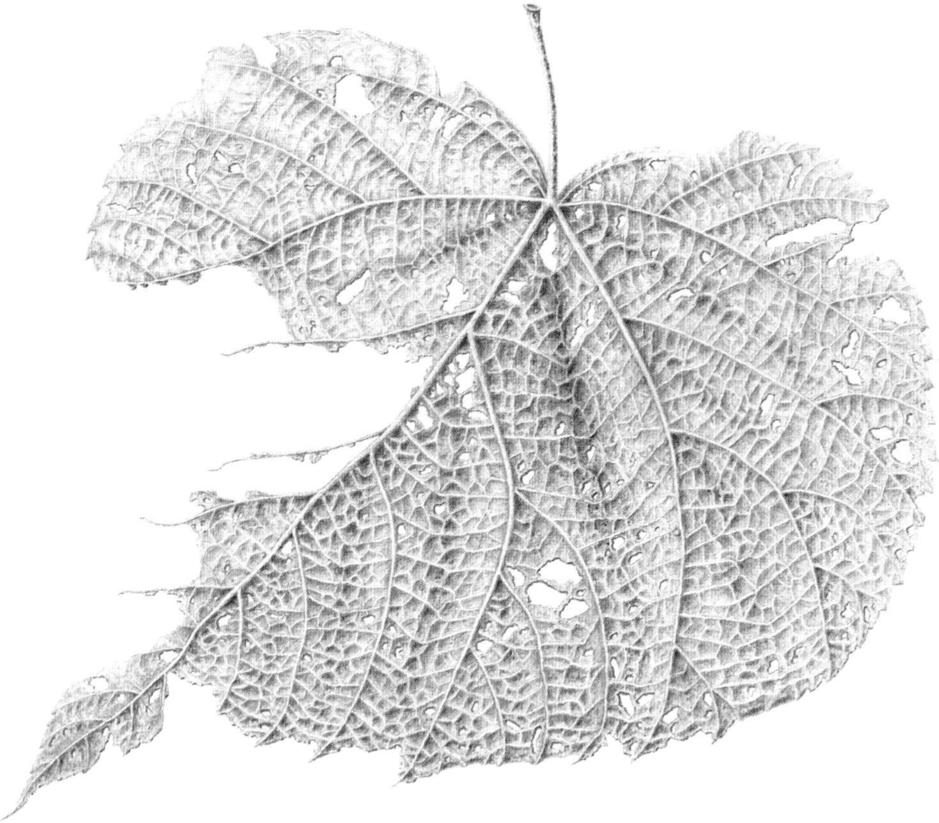

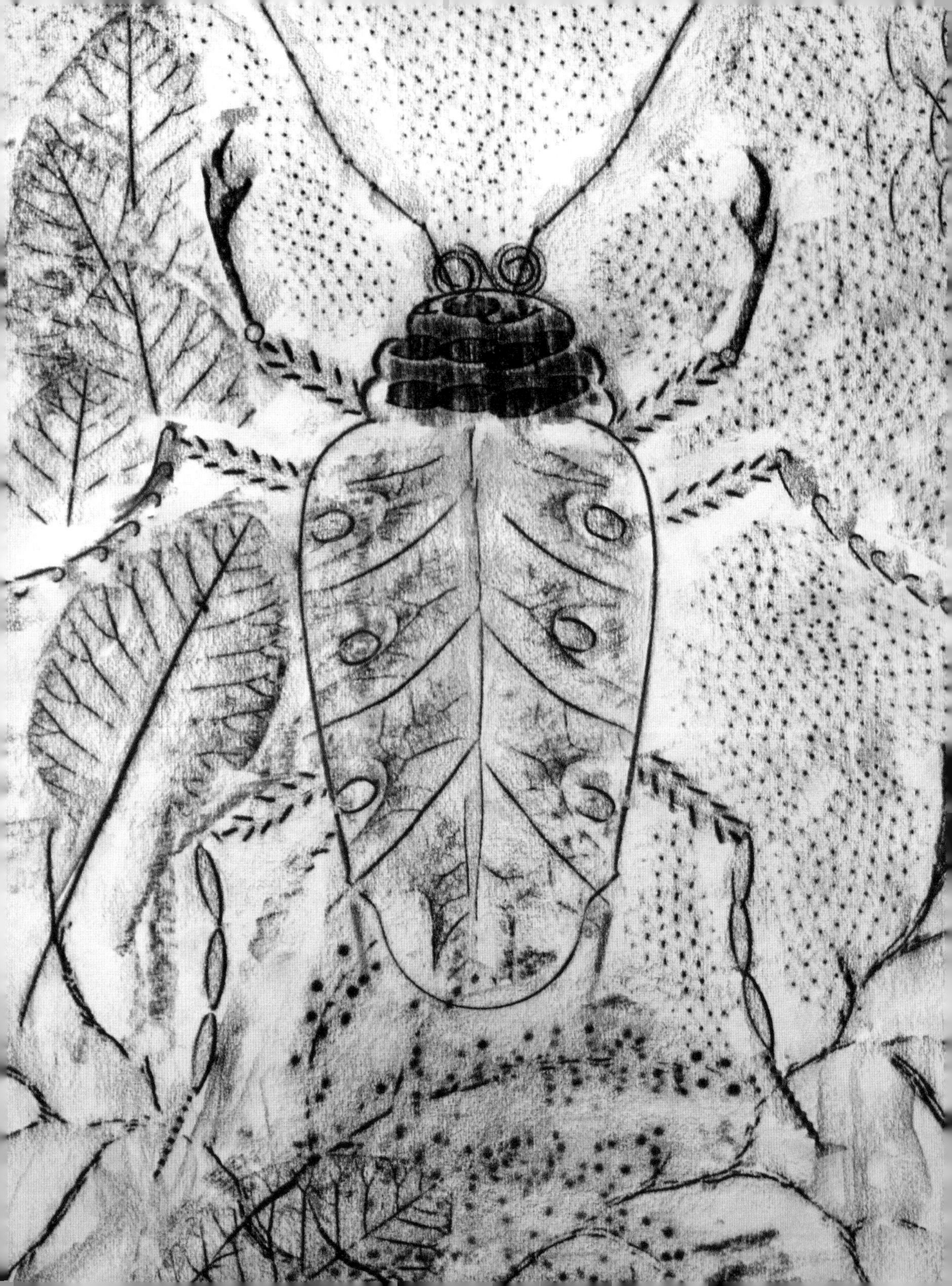

DURCHPAUSEN

Gegenüberliegende Seite: Claire Drury, *Beetle*, Bleistift auf Zeichenpapier, 2020

Reibt man mit einem Bleistift über ein Blatt Papier, das auf ein Objekt gelegt wurde, erhält man einen Abdruck des Objekts. Dieses Verfahren wird Durchpausen genannt; den Abdruck nennt man Frottage. Man kann von jeder interessanten Oberflächenstruktur einen Abdruck machen. Verwenden Sie die Breitseite des Bleistifts, um erhabene Bereiche hervorzubringen und Muster und Strukturen zu gestalten. Aber Vorsicht: Grafit gelangt überall hin; Sie müssen sich immer wieder die Hände waschen, um Fingerabdrücke zu vermeiden.

Claire Drury hat mehrere Materialien für das Bild dieses Käfers verwendet. Dabei kontrastiert sie Dinge aus der Natur mit den regelmäßigen Mustern künstlich hergestellter Gegenstände und bereichert die Zeichnung mit Abdrücken getrockneter Blätter, um das Bild noch vielschichtiger zu machen.

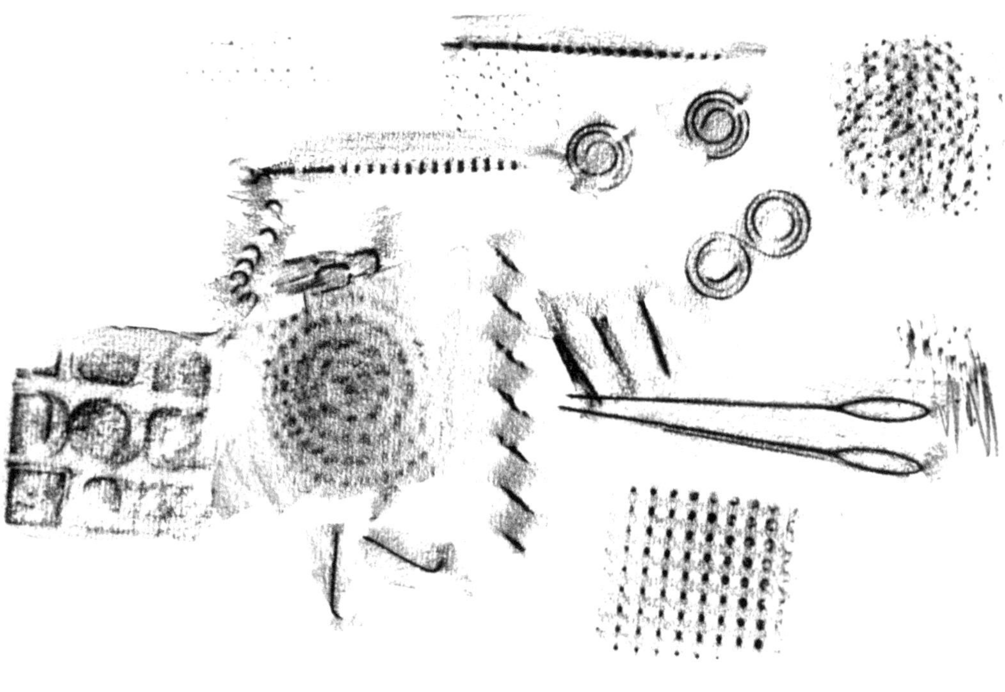

DURCHPAUSEN (FORTSETZUNG)

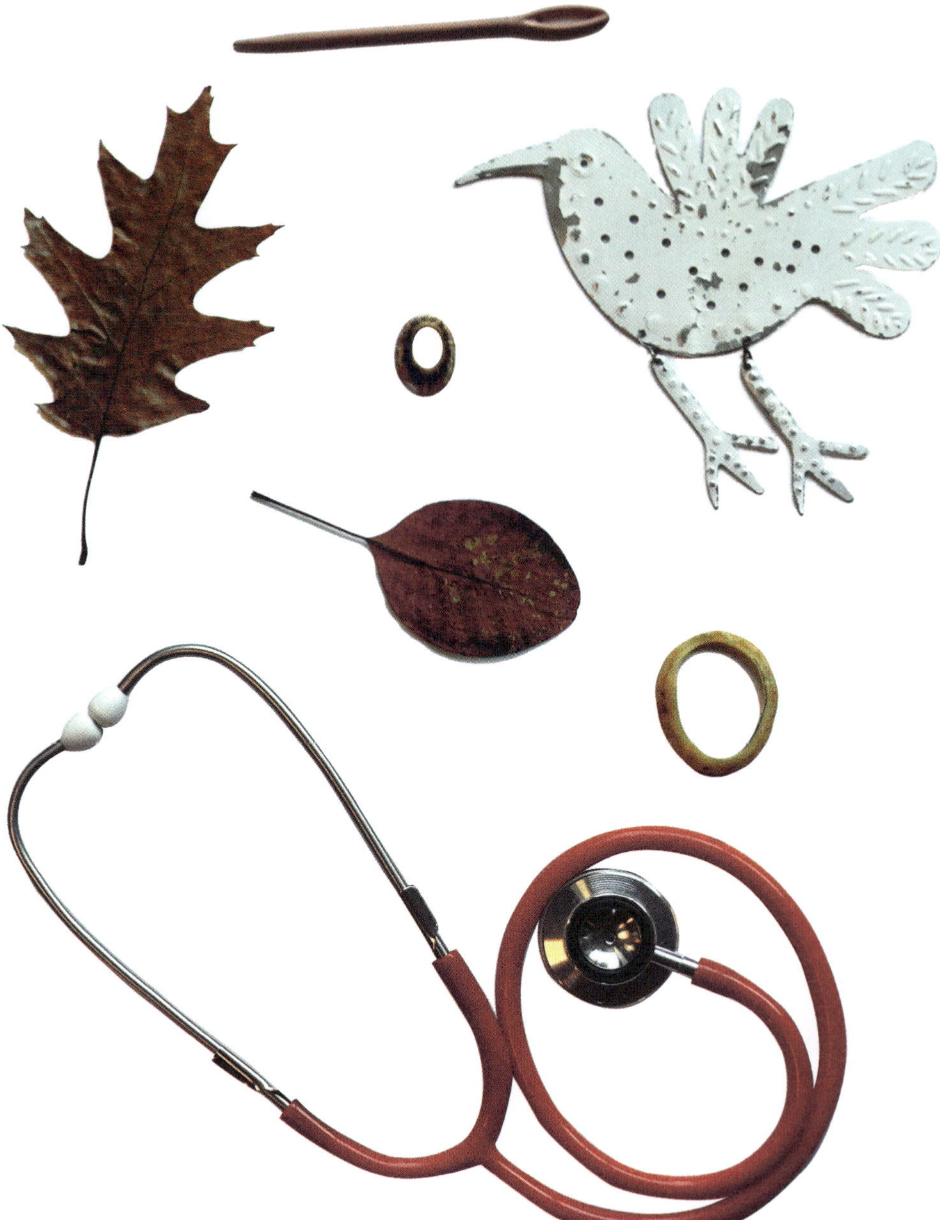

1. Um einen Gegenstand durchzupausen, legen Sie ihn flach auf einen Tisch und ein Blatt Papier darüber. Prüfen Sie, ob das Objekt wie gewünscht ausgerichtet ist, indem Sie eine Ecke des Papiers anheben. Experimentieren Sie mit mehreren Objekten, um die Muster zu finden, die Sie für Ihr endgültiges Bild haben wollen. Blätter eignen sich besser, wenn sie gepresst und etwas getrocknet sind, da sie dann flacher, steifer und leichter zu handhaben sind.

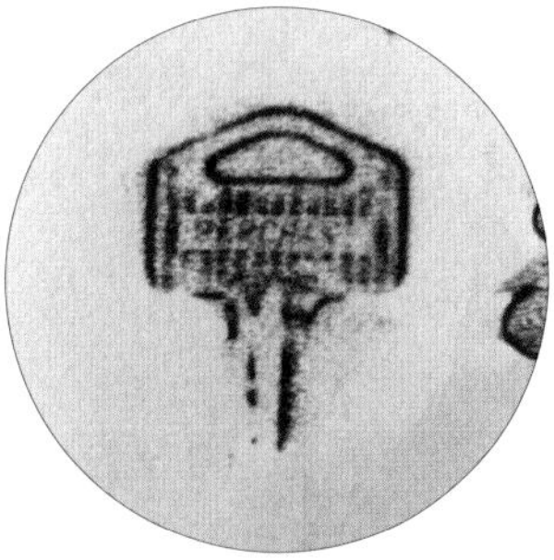

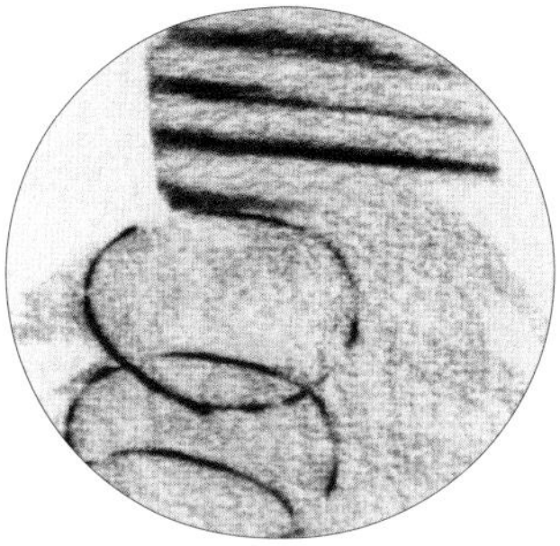

2. Zeichnen Sie auf dem Blatt mehrere unterschiedliche Abreibungsmuster übereinander, um Ihre so erzeugten Texturen noch komplexer zu gestalten.

3. Beleben Sie Ihre Frottage mit rhythmischen Elementen und Mustern, indem Sie einen Gegenstand wiederholt verwenden.

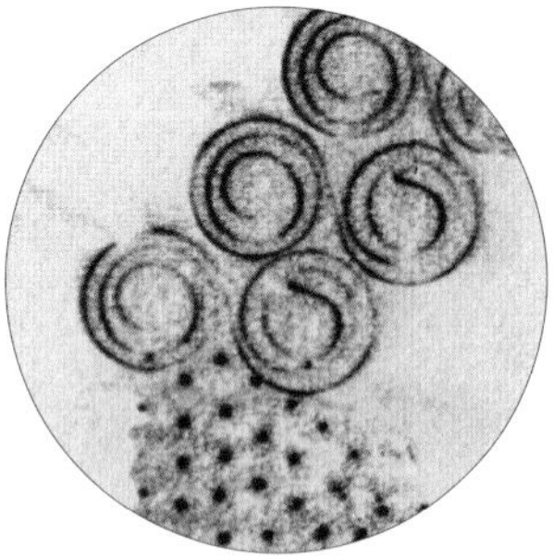

MONOPRINTING MIT BLEISTIFT

Gegenüber-
liegende Seite:
Rachel Mercer,
Carbon Copy Still Life with Tripod,
Bleistift auf Papier und Kugelschreiber auf Papier,
2020

Kohlepapier ist gut geeignet, um Kopien Ihrer Zeichnungen anzufertigen. Wenn Sie mehrere Kopien haben, können Sie mit Ihren eigenen Arbeiten experimentieren. Wird eine Zeichnung in ein anderes Medium überführt, sieht man sie mit anderen Augen. Kopien auf Kohlepapier zeigen schöne weiche Linien, was sie besonders reizvoll macht.

Hier teilte Rachel Mercer ihre Komposition in Viertel ein und zeichnete Abschnitt für Abschnitt. Diese ungewöhnliche Methode führt zu interessanten Ergebnissen. Die Perspektive wird verzerrt, da sich die Zeichnung von der unteren Ecke nach außen erstreckt. Wenn Sie sich Ihre Zeichnung als vier einzelne Abschnitte vorstellen, bevor Sie überhaupt anfangen, begünstigt das die Planung Ihrer Komposition.

SELBST AUSPROBIEREN

1. Arrangieren Sie ein Stillleben mit drei oder vier persönlichen Objekten, und zwar mit zylindrischen und rechteckigen Gegenständen (Bücher, Schachteln, Flaschen usw.), die verschiedene Oberflächenstrukturen aufweisen.

2. Falten Sie ein DIN-A4-Blatt in vier Viertel und schneiden Sie jedes Viertel aus.

3. Füllen Sie eine Seite eines Viertels komplett mit Bleistift aus.

4. Legen Sie dieses mit Bleistift bemalte Viertel mit der Vorderseite nach unten auf die linke untere Ecke eines leeren A4-Blattes; darauf legen Sie ein weiteres Papierviertel. Sie haben nun also drei Schichten: ein leeres A4-Blatt (unten), ein mit Bleistift bemaltes Viertel (Mitte) und ein leeres Viertel (oben).

5. Beginnen Sie unten links mit einem Kugelschreiber, Ihr Stillleben auf das leere Viertel des Papiers zu zeichnen. Sie können auch einen harten Bleistift verwenden, aber die kräftigen Linien eines Kulis ergeben einen guten, klaren Monoprint. Bewegen Sie das Papier nicht, sonst misslingt die Zeichnung!

6. Ihre Zeichnung überträgt sich wie von Zauberhand auf das unterste Blatt.

7. Wiederholen Sie den Vorgang mit den anderen drei Vierteln des Stilllebens.

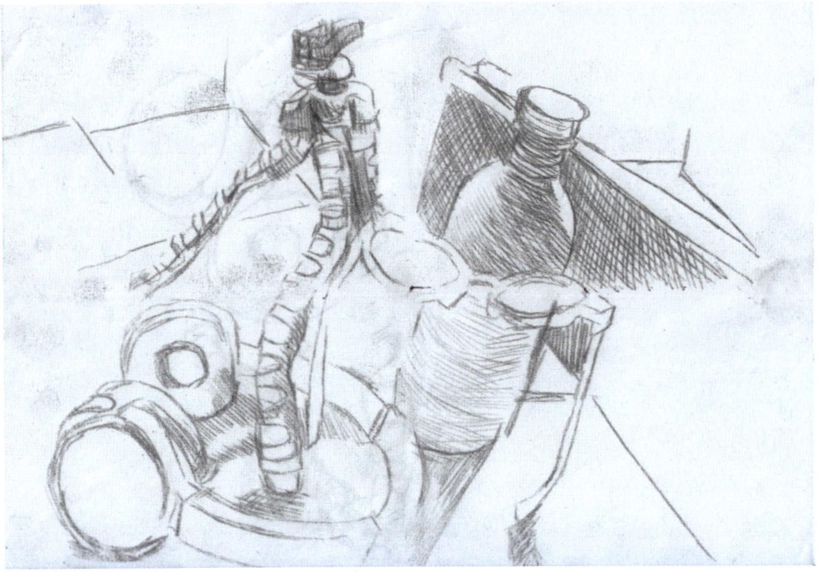

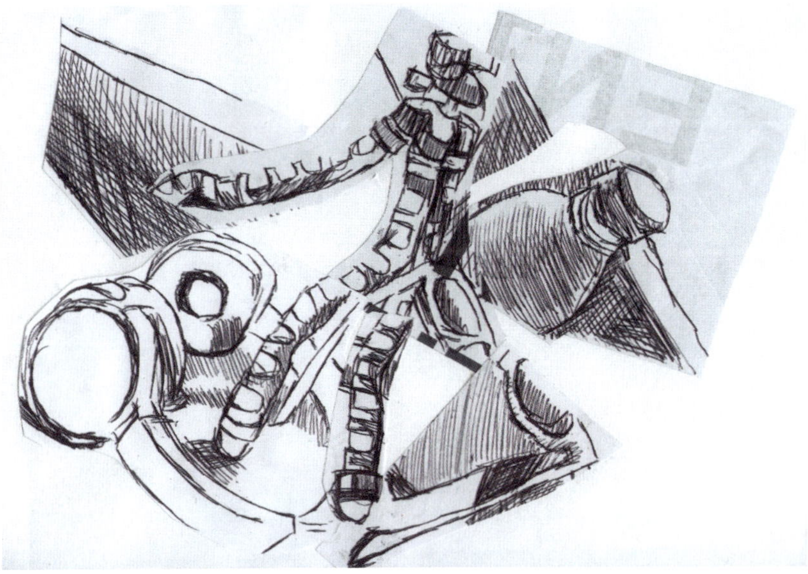

Tipp: Wenn Ihr Monoprint fertig ist, können Sie aus den Kuli-Zeichnungen eine Collage gestalten. Schneiden Sie die Objekte aus (oder durch sie hindurch, wenn Sie mögen), aber werfen Sie keine Teile Ihrer Zeichnung weg. Ordnen Sie die ausgeschnittenen Teile auf einem Blatt Papier neu an - sie können sich überlappen oder auch nicht. Wenn Sie mit dem Arrangement zufrieden sind, kleben Sie es fest.

ERWEITERN SIE IHR FEDER-MÄPPCHEN

WAS GIBT ES SONST NOCH?

Da Sie nun mit Bleistiften klarkommen, sollten Sie Ihr Arsenal an Zeichnungsgeräten erweitern. Experimentieren Sie einfach, um herauszufinden, was man mit ihnen machen kann. Dazu ein paar Tipps, die Ihnen den Einstieg erleichtern.

Buntstifte
Sie können natürlich die preiswerten Stifte benutzen, die es in jedem Schreibwarenladen gibt, aber je teurer der Stift, desto mehr Pigment enthält er und sorgt daher für sattere Farben.

Aquarellstifte
Diese Stifte hinterlassen Pigmente, die sich auflösen, wenn man Wasser hinzufügt. Mischen Sie Ihre Farben und tragen Sie dann mit einem Pinsel Wasser auf; das Ergebnis ist eine aquarellartige Lavierung. Oder arbeiten Sie auf nassem Papier für mehr Farbintensität.

Kohlestifte
Kohlestifte sorgen für dunklere, weniger glänzende Schwarztöne als Grafit. Es gibt sie in hart, mittel und weich. Sie lassen sich gut verwischen und sind sauberer und präziser als Zeichenkohle. Außerdem zerbröseln sie nicht in der Tasche.

Conté-Stifte (keine Kreide)
Conté wird aus Grafit oder Holzkohle hergestellt, vermischt mit Wachs oder Ton. Es ist etwas harzig, wodurch satte, dunkle Schwarztöne entstehen. Conté-Stifte (auch Conté-Crayons genannt) ergeben ähnlich wie Kohle eine körnige Linie, nur schärfer.

China-Stifte
Diese wasserfesten, wachsartigen Stifte werden auch Fettstifte, Wachsstifte und China-Marker genannt.

Pinsel
Wenn Sie mit Aquarellstiften arbeiten, sollten Sie einen Pinsel zur Hand haben. Gut wäre ein mittelgroßer Rundpinsel mit einer feinen Spitze.

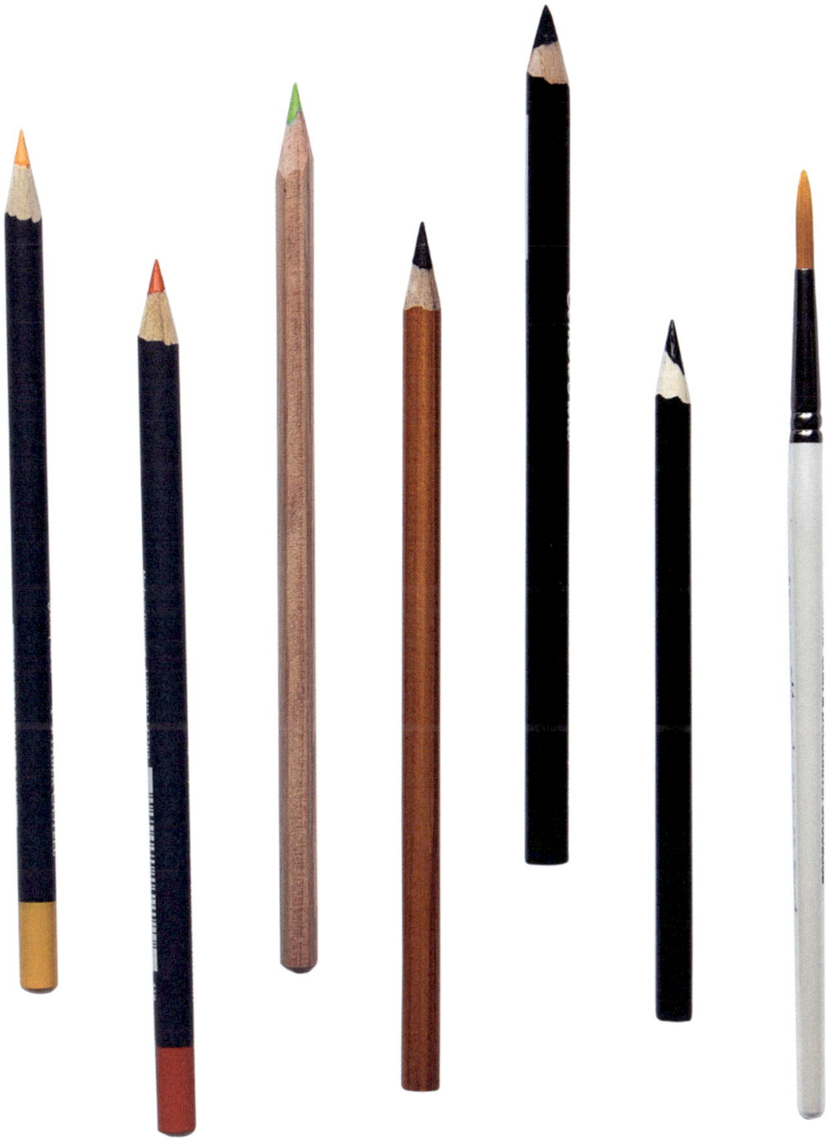

Tipp: Wenn Sie mit einer neuen Art von Stiften experimentieren wollen, kaufen Sie zunächst einzelne, denn Sets sind teuer und am Ende hätten Sie vielleicht viele Stifte, die Sie nie benutzen.

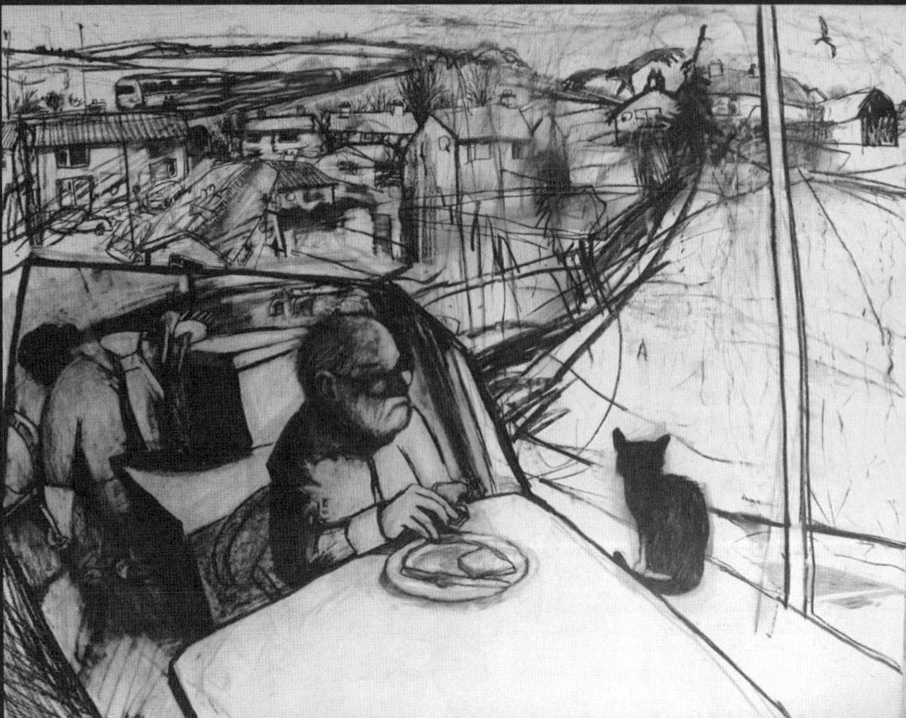

Jonathan Farr, *Breakfast*, Kohle auf Papier, 2014

KOHLESTIFTE

Kohlestifte eignen sich gut für schwungvolle Zeichnungen. Mit ihnen lassen sich wie mit Grafit verschiedene Tonwerte erzeugen, sie sind jedoch leichter zu verwischen und ergeben einen deutlich dunkleren Ton. Wenn Sie in Ihrer Zeichnung viel Kohle verreiben wollen, sollten Sie schweres Papier verwenden, das diese Belastungen aushält – je robuster, desto besser.

Hier zeichnete Jonathan Farr mit einem dicken Kohlestift, um dunkle Umrisse und dichte Schatten zu erhalten. Die Kohle wurde verrieben und verwischt und dann mit einem Plastikradierer an bestimmten Stellen wieder entfernt; Geisterspuren früherer Linien sind noch sichtbar. Bewegung und Ruhe werden suggeriert, indem die Striche mit unterschiedlichem Tempo und Druck gezeichnet sowie verwischt und ausradiert wurden. Einige Bereiche sind fest umrissen, andere sind diffuser und offener; sie dürfen unvollendet bleiben. Diese großformatige Zeichnung wurde mithilfe kleinerer Modellzeichnungen angefertigt. Der Künstler hat seinen Vater und seine Stiefmutter tagelang in ihrem Haus gezeichnet. Das Innere des Hauses zeichnet sich durch Stille und Ruhe aus, während außerhalb des Dorfes Züge, Vögel und das Wetter in Bewegung sind.

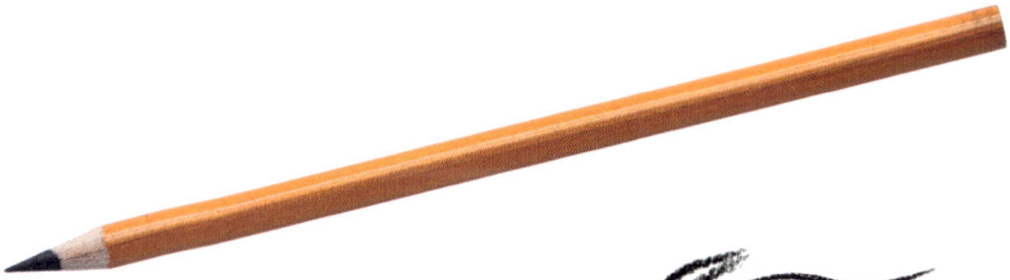

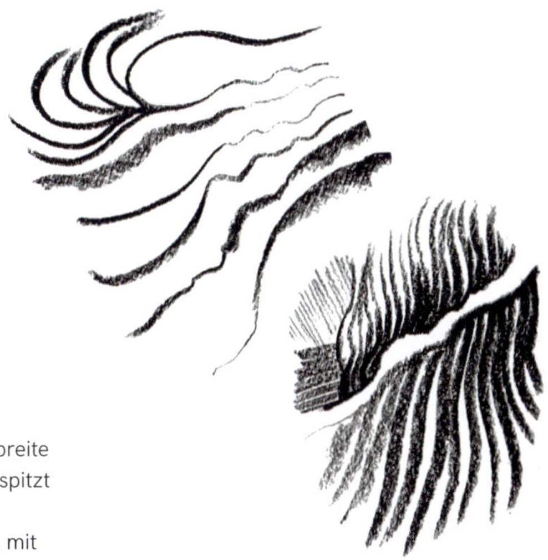

Tipp: Kohlestifte werden schnell stumpf, sodass sie schöne breite Linien hinterlassen. Sie können jedoch mit einem Messer angespitzt werden, um feine Linien zu zeichnen. Besorgen Sie sich einen Knetradiergummi zum Ausradieren oder einen Plastikradierer, mit dem sich die Kohle über die Fläche verteilen lässt.

TEXTUR DURCH KRATZTECHNIK

Gegenüberliegende Seite: Endre Penovác, *Little Puli*, Kohle auf Papier, 2012

Kohle lässt sich auch ohne Radiergummi vom Papier entfernen. Da sie eine lockerere Konsistenz als Grafit hat, kann sie mit dem Finger abgetupft werden (das ist ideal, wenn Ihre Zeichnung verwischt aussehen soll; wenn nicht, achten Sie darauf, wo Sie sich gerade auf dem Blatt abstützen!). Sie können mit einem spitzen Gegenstand in die Kohleschicht kratzen oder erst Texturen ins Papier zeichnen, bevor Sie Kohle darüber auftragen.

Hier hat Endre Penovác mit der Breitseite des Kohlestiftes zunächst die dunkle Fläche des Hundes angelegt. Dann hat er in die Kohle hineingezeichnet, darauf gekritzelt und sie verwischt, um die Details im Fell herauszuarbeiten. Schließlich hat er mit einem scharfen Gegenstand stellenweise die Kohle abgekratzt und so dezente Aufhellungen in die insgesamt dunkle Fläche gebracht.

SELBST AUSPROBIEREN

Mit einem spitzen Gegenstand in die Kohle kratzen
Etwas Kohle auf Papier auftragen und mit einem Cocktailstäbchen oder Ähnlichem dort hineinkratzen, um eine raue Kante zu erzeugen.

Mit Kohle und Radiergummi „zeichnen"
Mithilfe eines Plastikradierers Linien und Striche von der Hauptfläche der Kohleschicht auf den Rest des Papiers ziehen.

Erst in das Papier kratzen, dann Kohle auftragen
In das Papier hineinkratzen und anschließend Kohle über den Kratzspuren verwischen, um die Textur herauszuarbeiten.

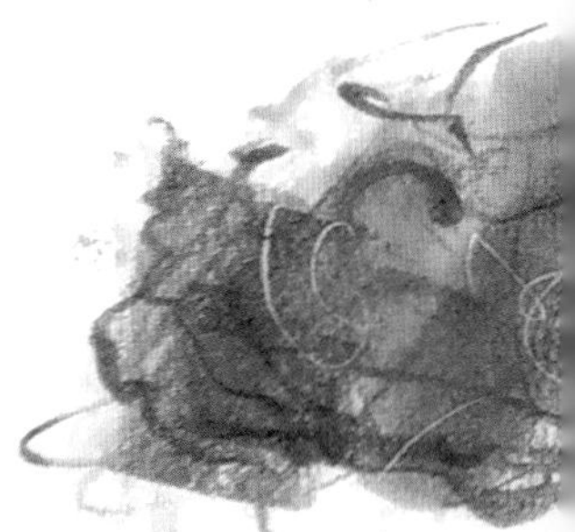

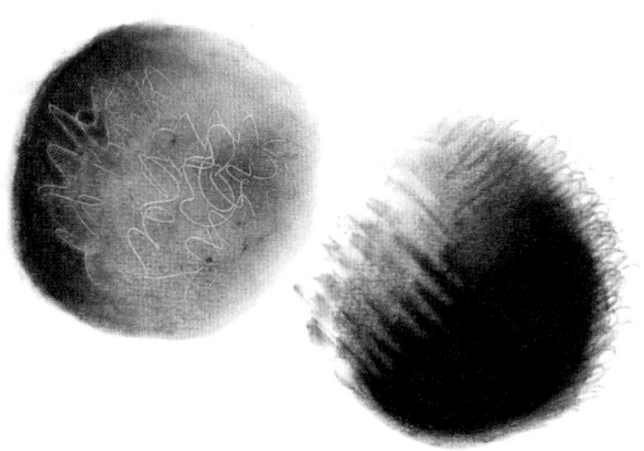

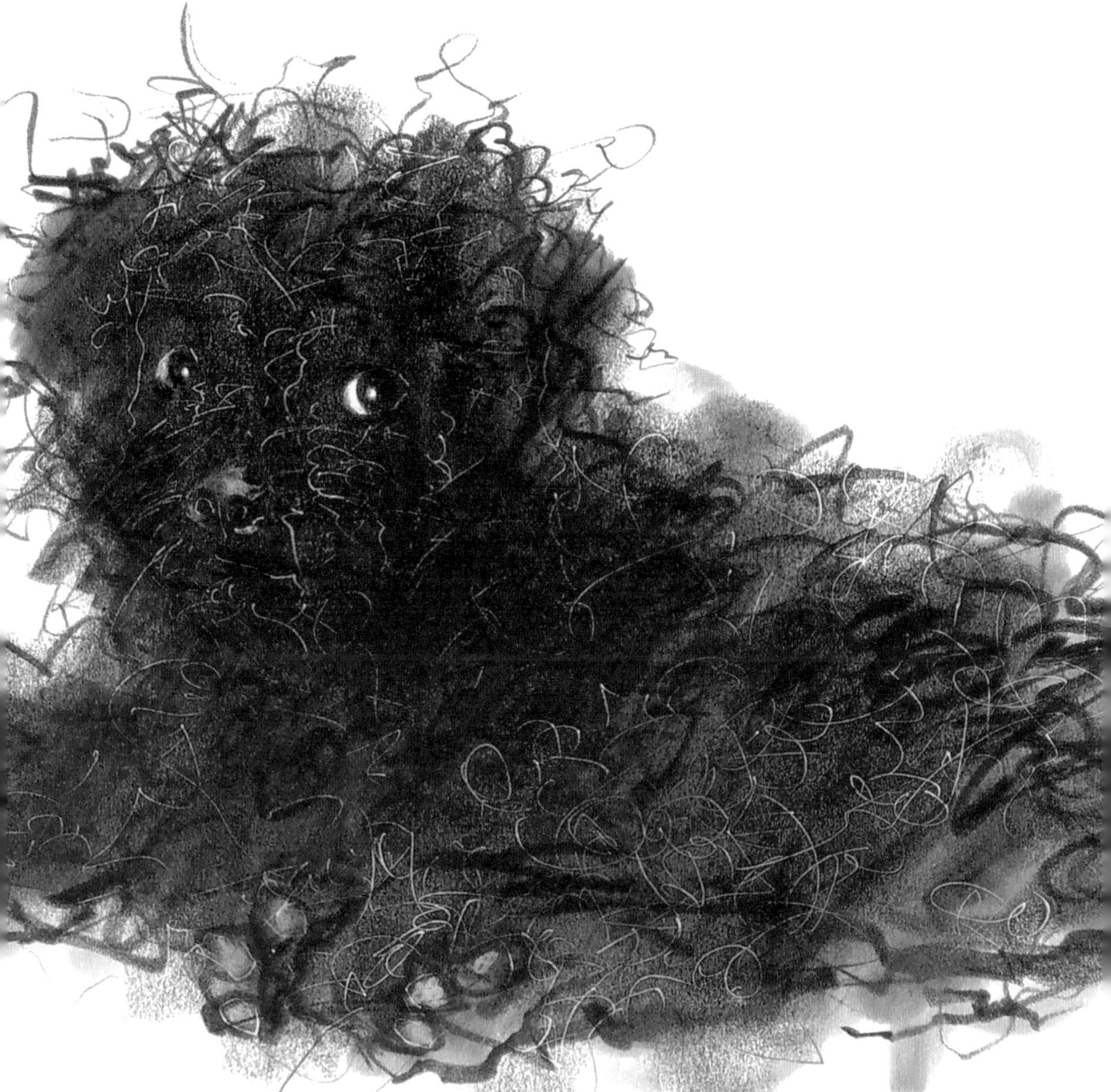

CONTÉ-STIFTE

Schwarze Conté-Stifte sorgen für satte, dunkle Schwarztöne, die man mit einem Bleistift nie erreichen könnte, sowie für ein mattes Finish im Gegensatz zur glänzenden Fläche eines Bleistifts. Dies vermittelt mehr Dichte und Tiefe in den Schatten. Conté-Stifte lassen sich zwar verwischen, aber nicht so gut mit dem Radiergummi entfernen wie Grafit oder Kohle.

Hier wurden mit dem Conté-Stift in nahezu hektischer Manier tiefe, dunkle Schatten angelegt, sodann mit einem Radiergummi helle Bereiche geschaffen. Dieser bewegte Duktus kontrastiert mit den geraden Kanten des Krans, die wie mit einem Lineal gezogen wirken. Es entsteht der Eindruck einer monolithischen, unpersönlichen Konstruktion, die aus der Düsternis des Hafengeländes hervorsticht.

SELBST AUSPROBIEREN

Muster mit feinen Linien kreieren
Mit leichtem Druck und spitzem Bleistift wurden die schraffierten Linien aufgetragen; mit diesen lassen sich strukturierte Bereiche anlegen. Die dunkle Stelle wurde mit der Breitseite des Conté-Stifts gezeichnet, um eine dickere, körnigere Linie zu erzeugen, die die Textur des Papiers durchscheinen lässt.

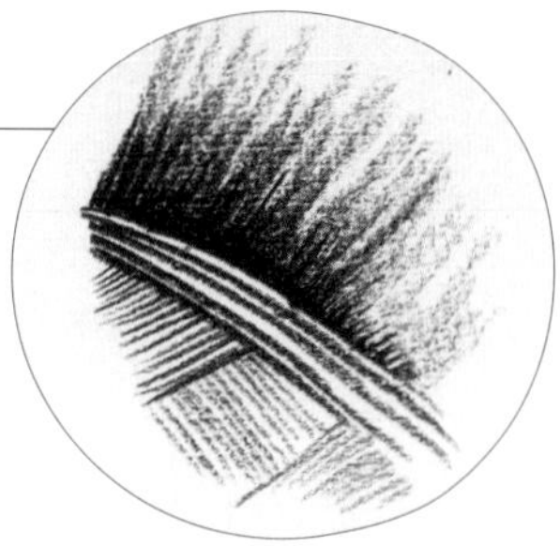

Tonwert mit Strichen erzeugen
Diese dunkle Stelle wurde mit kurzen, krakeligen, übereinander gelegten Strichen aufgebaut, um die dichteren Tonwertbereiche zu erhalten. Es entsteht eine bewegte, ausdrucksstarke Markierung, ähnlich wie auf S. 34.

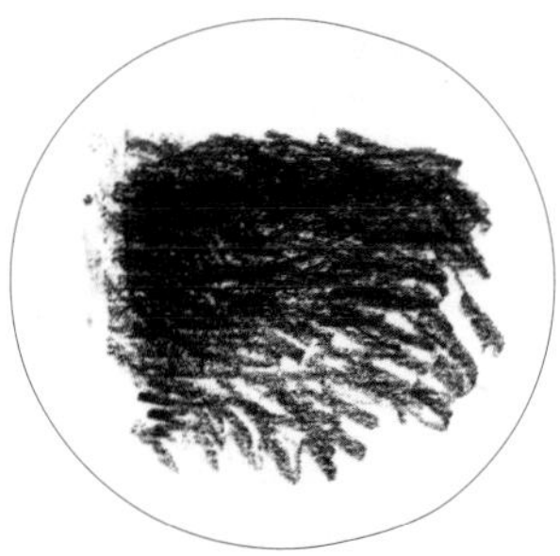

Eine dunkle Stelle verwischen
Ziehen Sie mit dem Finger, einem Tortillon oder einem Plastikradierer die Farbe aus der tiefschwarzen Stelle über die Fläche und schaffen Sie so einen sanften Übergang.

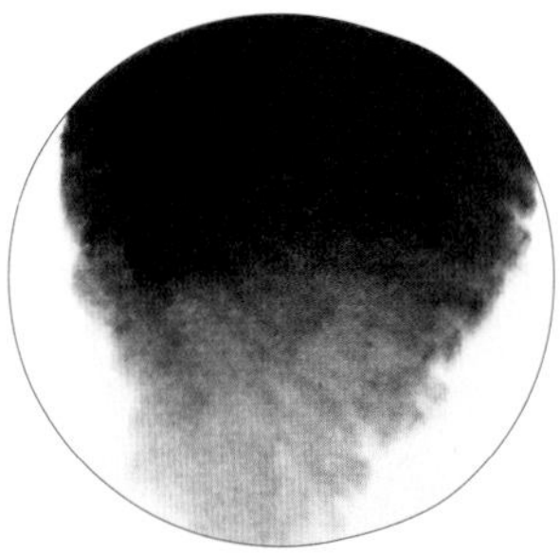

Tipp: Probieren Sie Conté-Stifte mal auf getöntem Papier aus, um einen anderen optischen Effekt zu erzielen.

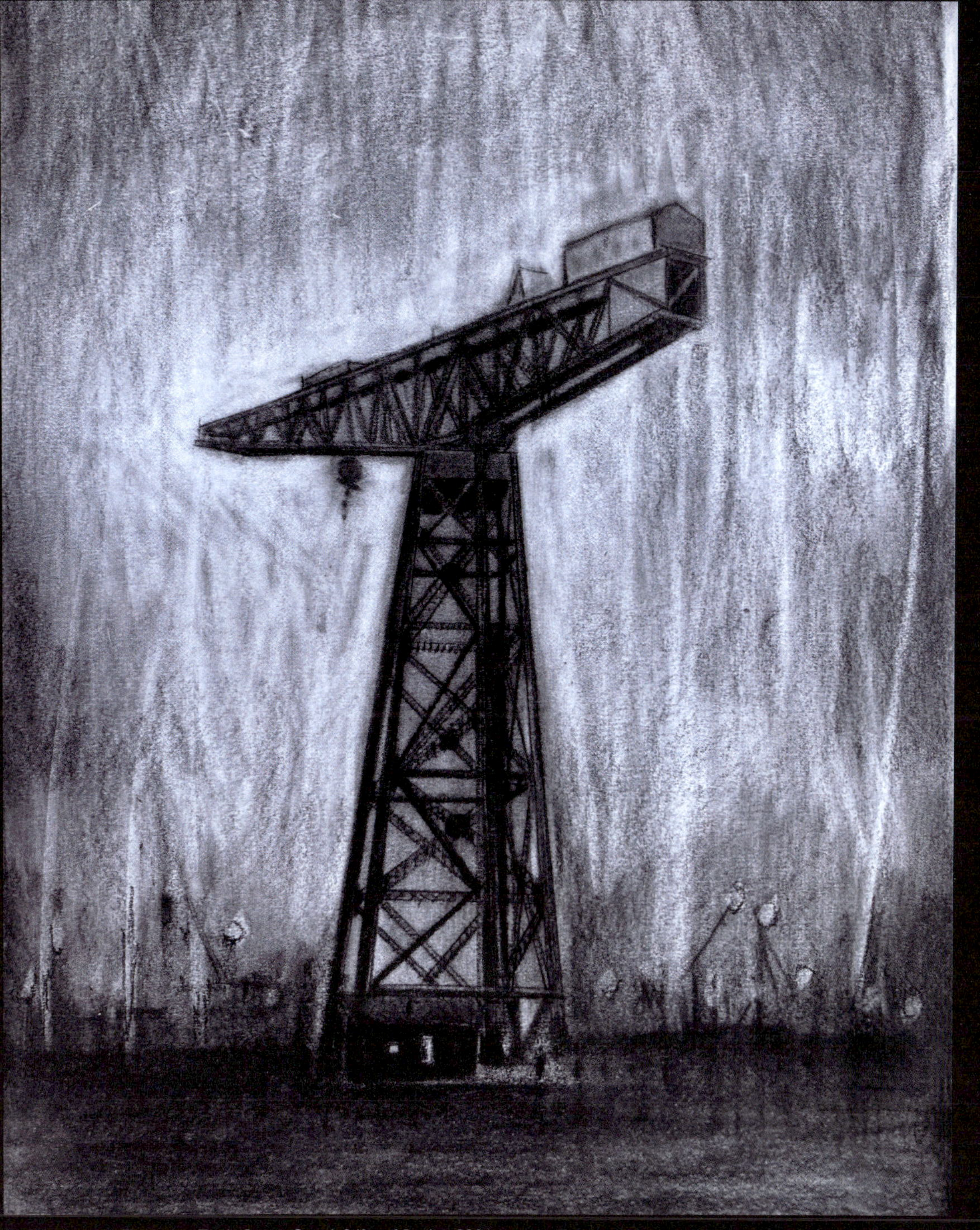

Eve Blackwood, *Finnieston Tank Crane*, Conté-Stift auf Papier, 2021

EFFEKTE MIT FARBE ERZIELEN

Wenn Sie sorgfältig abwägen, welche Farben Sie in Ihrer Zeichnung verwenden und wie viel davon, können Sie eine ganz besondere Wirkung erzielen. Hier hat Alex Nicholson sich auf drei kräftige Farben beschränkt: Schwarz, Rot und Gelb. Er hat auf viele Details verzichtet und nur einen Teil der liegenden Figur gezeichnet. Zwar deutet er mit den dicken schwarzen Strichen Schatten an, aber die anderen Farben sind einfarbige Blöcke aus Rot und Gelb, ohne Form oder Tiefe zu suggerieren. Dies vereinfacht das Bild und verleiht ihm echte Wirkung.

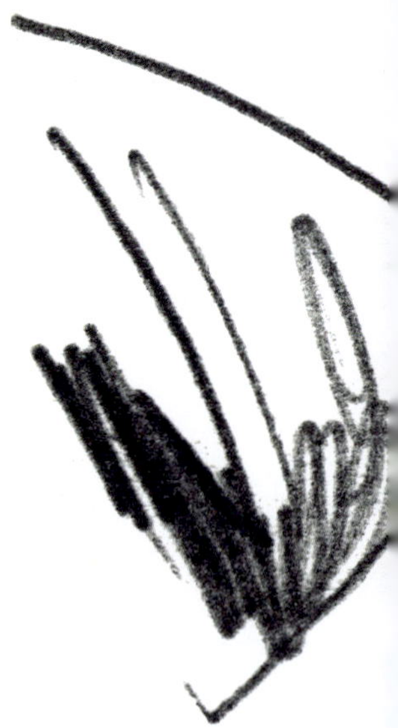

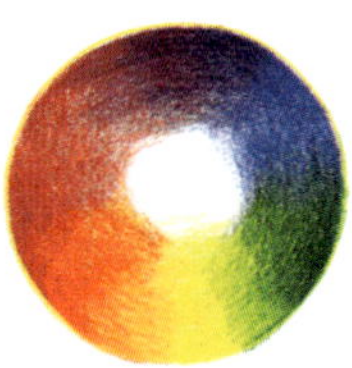

Primärfarben: Die Primärfarben sind Rot, Gelb und Blau. Sie sind die Bausteine aller Farben und können nicht durch Mischen anderer Farben hergestellt werden. Allerdings lassen sich mit ihnen andere Farben erzeugen, wenn man sie miteinander kombiniert.

Tipp: Bestimmen Sie das Zentrum der Szene und machen Sie es zum Kern Ihrer Komposition. Wenn Sie drum herum Raum lassen, kann Ihre Zeichnung atmen.

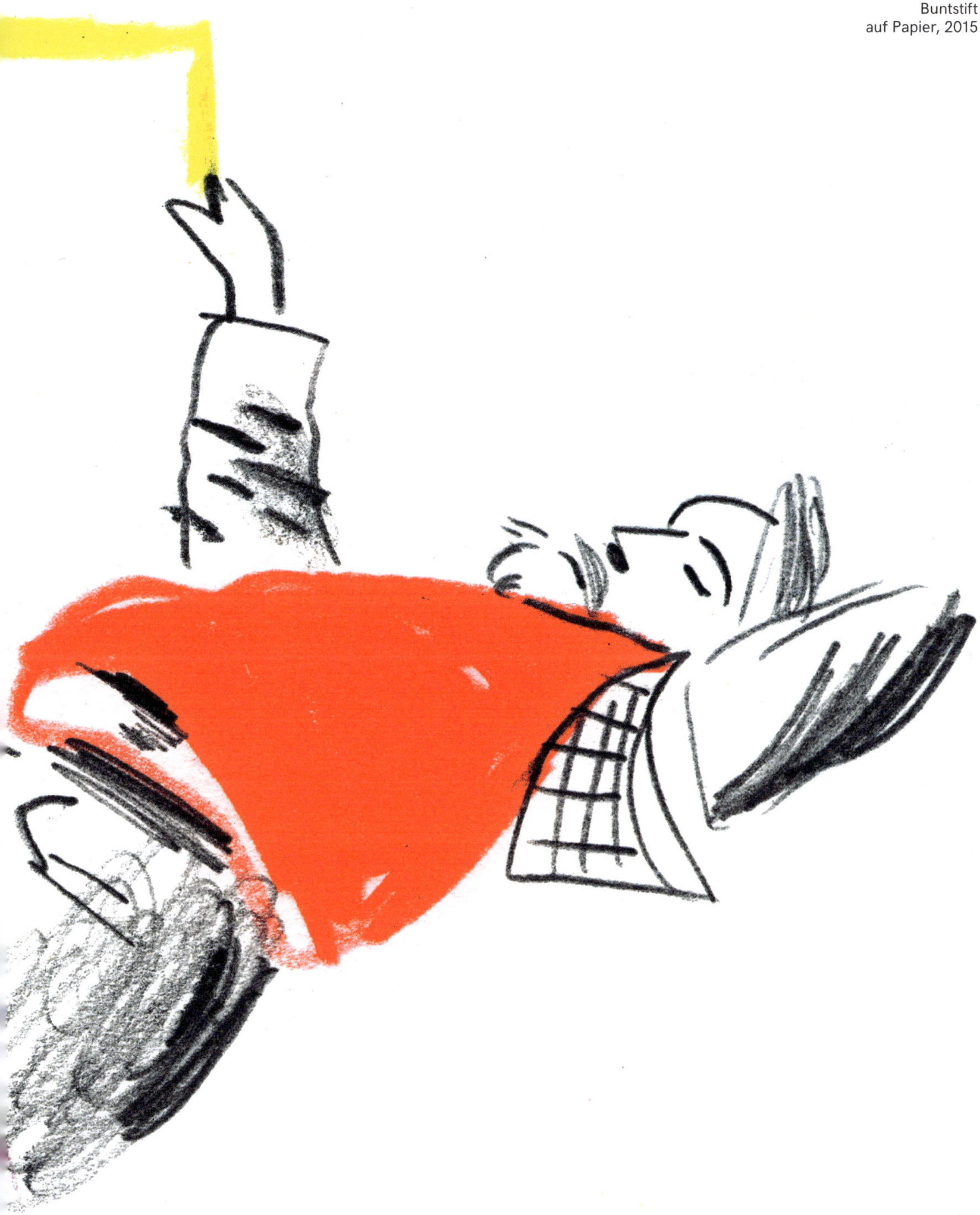

Alex Nicholson,
Anti-War Protestor,
Parliament Square,
Buntstift
auf Papier, 2015

FARBE UND LINIE

Wenn Sie in Farbe zeichnen, müssen Sie nicht alles ausmalen, sondern nur die Bereiche, die Sie interessieren. Betrachten Sie Ihr Motiv und skizzieren Sie die Komposition. Dann wählen Sie einige wenige Buntstifte aus. Nehmen Sie eine kräftige Farbe für die Umrisse. Die Farben dürfen in Ihrer Zeichnung heller oder kräftiger sein als in Wirklichkeit, sie müssen nicht völlig naturgetreu sein. Deuten Sie die Farbe nur an, ohne den Bereich ganz auszumalen.

In diesem Porträt seines schlafenden Freundes hat Wilfrid Wood jedem Element der Komposition eine andere Farbe zugewiesen: Kleidung, Gesicht, Haar und Kissen. Dies verleiht dem Porträt eine kindliche Naivität und trägt zu seinem Charme bei.

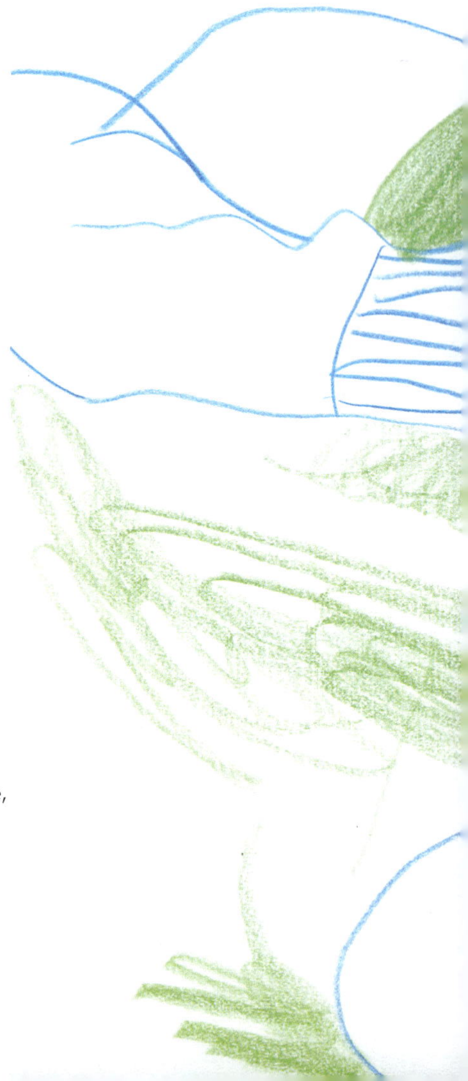

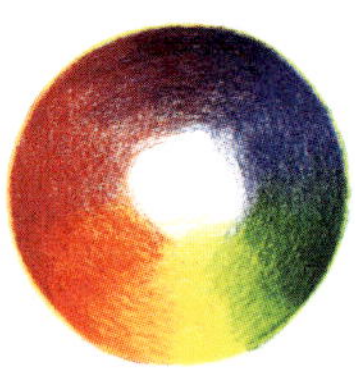

Sekundärfarben: Die Sekundärfarben - Orange, Grün und Violett - entstehen durch Mischen jeweils zweier Primärfarben. Jedes Buntstiftset enthält einige Sekundärfarben, aber man kann sie natürlich auch selbst mischen.

Wilfrid Wood,
Theo,
Buntstift
auf Papier,
2018

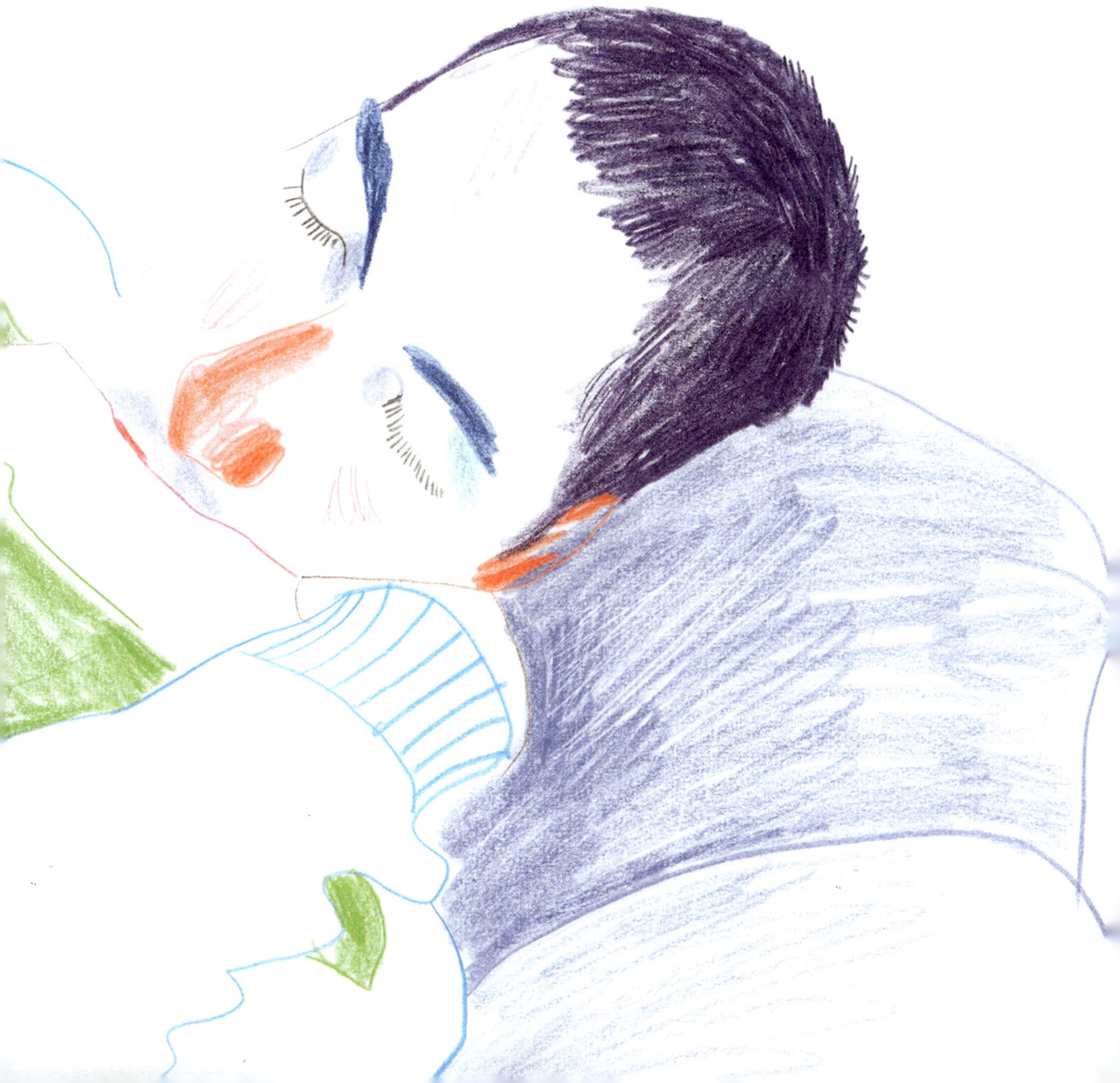

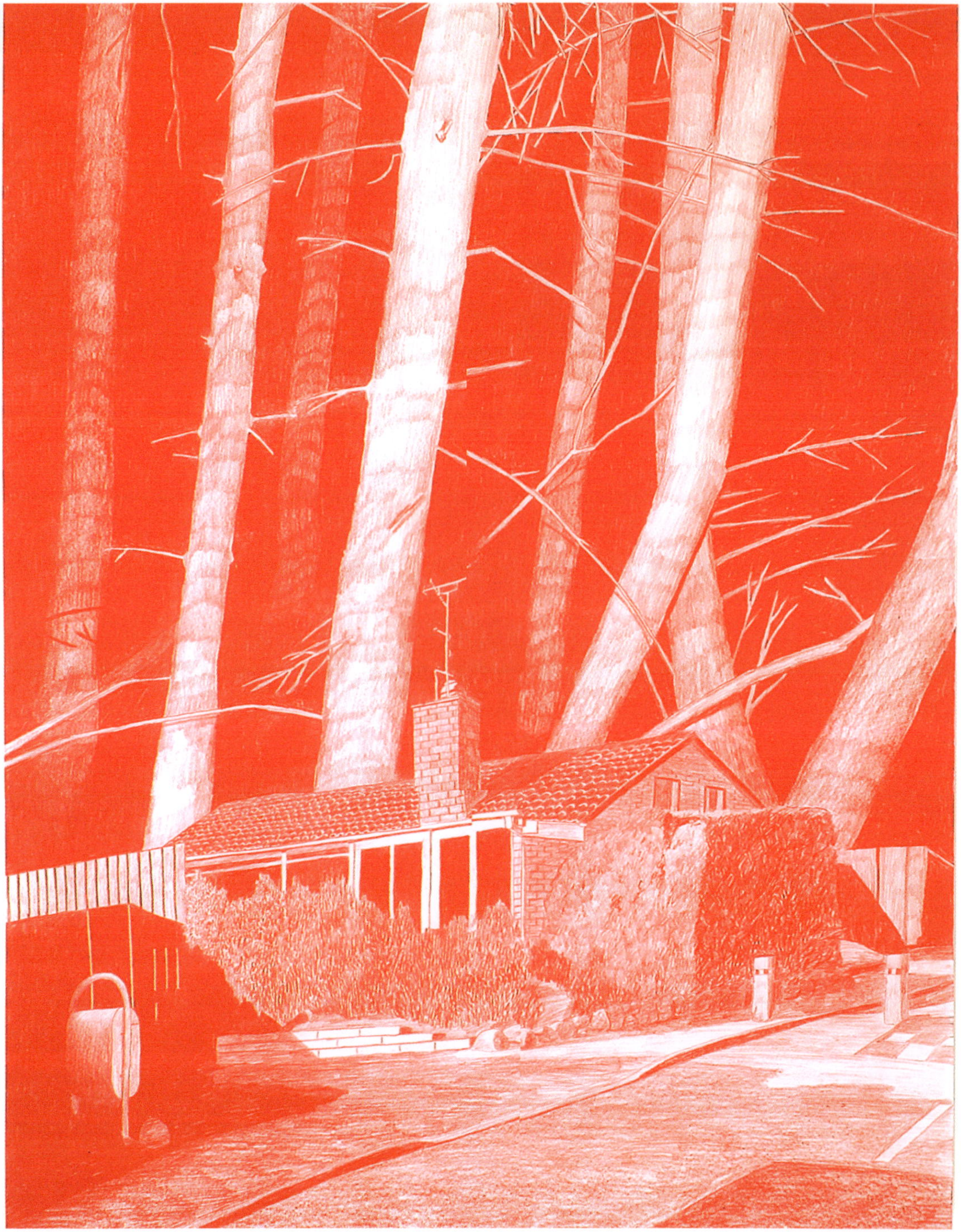

MIT FARBE STIMMUNG ERZEUGEN

Gegenüberliegende Seite: Morten Schelde, *Children of Surburbia #34*, Bleistift auf Papier, 2001

Sie können für Ihre Zeichnung auch nur eine einzige Farbe verwenden, sie ist dann eine sogenannte monochrome Zeichnung. Hier hat Morten Schelde eine einfarbige Zeichnung in Rot geschaffen. Der Farbstift wird prinzipiell genau wie ein Bleistift eingesetzt, aber anstelle von Grau- und Schwarztönen entstehen intensive oder weniger intensive Farben.

Mit Farbe lassen sich in Ihren Zeichnungen Stimmungen erzeugen. Das Rot dieser Zeichnung zeigt filmische Wirkung und erinnert an einen Horrorfilm mit viel Blut - oder vielleicht haben Sie eine andere Assoziation. Unsere Reaktion auf diese Stimmungen kann sehr persönlich sein. Üblicherweise schreibt man verschiedenen Farben bestimmte Eigenschaften zu: So fühlt sich Gelb sonnig, hell und hoffnungsvoll an; Blau wirkt kalt, winterlich und melancholisch; Schwarz wirkt dunkel, dramatisch und düster.

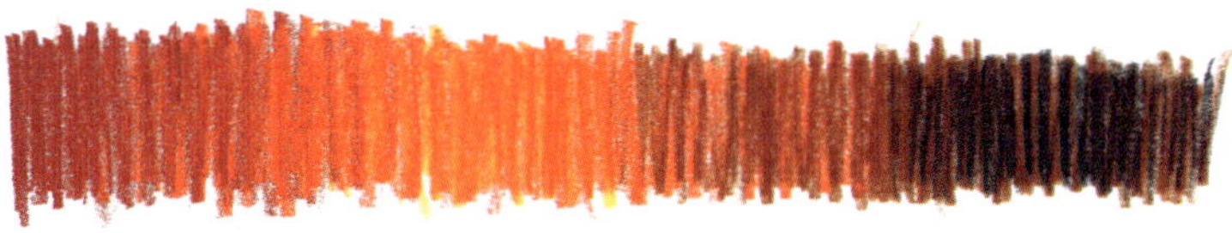

Warme Farben (Rot-, Orange- und Gelbtöne):
Diese Farben werden mit Fröhlichkeit, Leidenschaft, Ärger, Liebe und Tatkraft assoziiert.

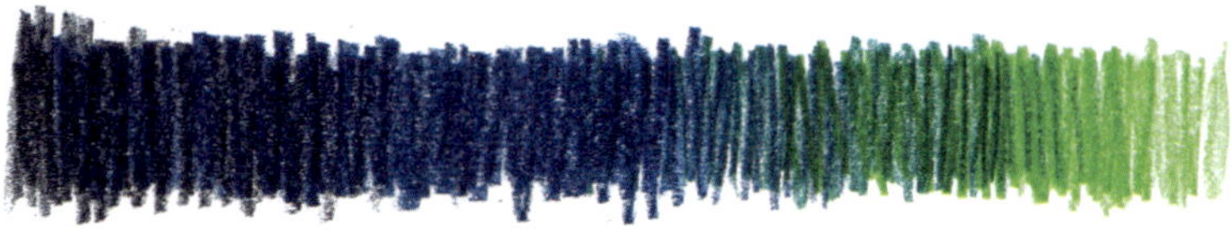

Kalte Farben (Blau-, Violett- und Grüntöne):
Mit diesen Farben verbindet man Trauer, Melancholie, Frieden und Ruhe.

MIT FARBÜBERGÄNGEN FORMEN ANDEUTEN

Mit Buntstiften lassen sich nicht nur kräftige, leuchtende Farbblöcke in Ihre Zeichnungen integrieren, sondern auch Tonwerte erzeugen. Indem Sie verschiedene Farben überlagern und ineinander übergehen lassen, machen Sie aus einem zweidimensionalen Kreis eine dreidimensionale Kugel.

In dieser Skizze einer Schale mit Birnen werden die Schatten mit feinen Schraffuren und Kreuzschraffuren gebildet, sodass die Farben sachte ineinander übergehen. Ein dunkleres Braun wird über die Blau- und Violetttöne der Schale gelegt, bis die Schatten die nötige Tiefe und Dichte haben. Die verschiedenen Farbtöne, die den Birnen ihre Form geben, sind eine Mischung aus Grün- und Brauntönen, den Farben der Natur. Blautöne sorgen für die Schattierungen auf den Früchten.

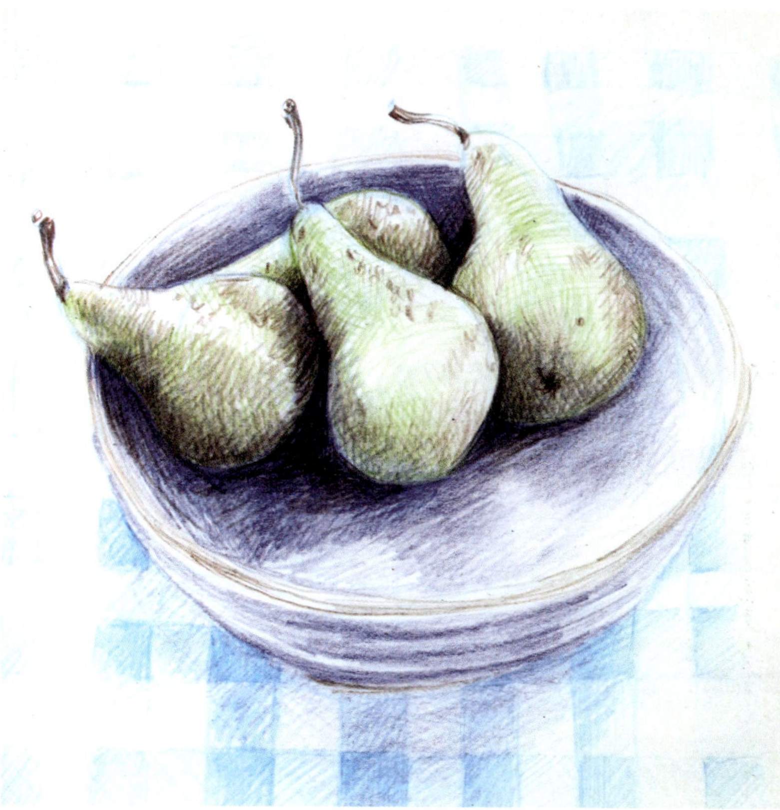

Eve Blackwood, *Pears*, Buntstift auf Papier, 2020

1. Nehmen Sie ein rundes Objekt als Motiv und wählen Sie drei Farben, die im Farbkreis nebeneinander liegen: einen hellen, einen mittleren und einen dunkleren Ton. In diesem Beispiel sind es die Farben Gelb, Orange und Rotbraun.

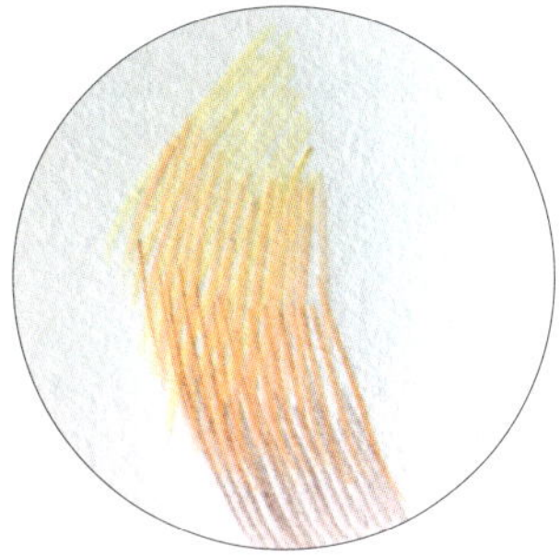

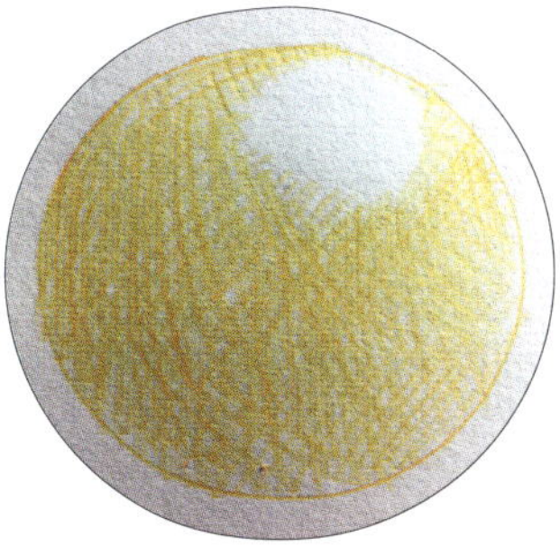

2. Achten Sie zunächst darauf, wie und wo das Licht auf die Kugel fällt. Tragen Sie dann zuerst die helle Farbe auf und lassen Sie einen Bereich frei, der als Schlaglicht dient.

3. Nehmen Sie sich Zeit, um den Tonwert auf der dem Schlaglicht gegenüberliegenden Seite der Kugel aufzutragen. Wenn Sie eine Kugel schattieren, müssen Sie eine klare Vorstellung davon haben, woher das Licht kommt, und dann wissen Sie auch, wo Sie den Schatten setzen müssen.

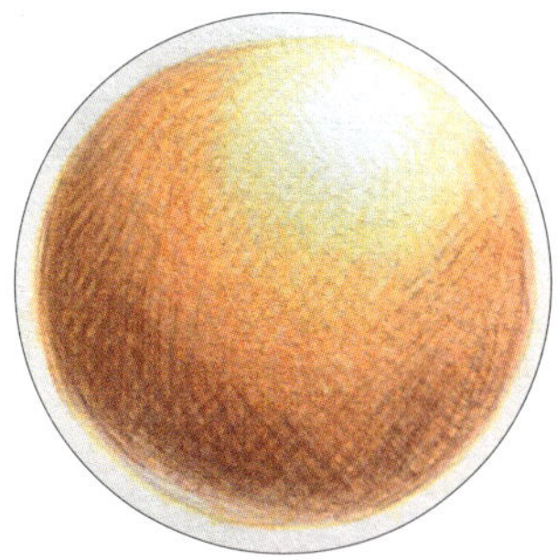

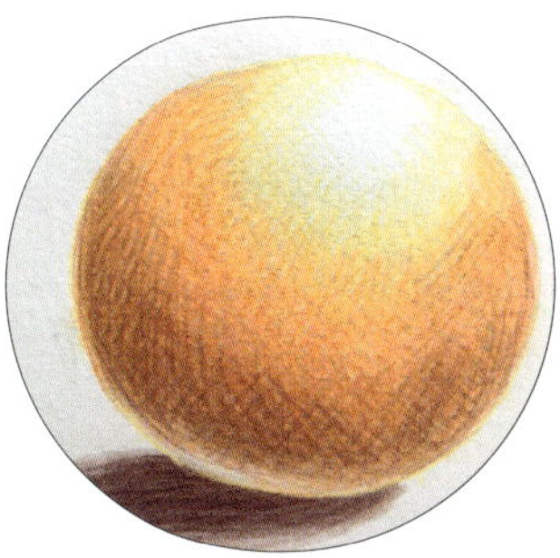

4. Wenn Sie mit dem mittleren Tonwert zufrieden sind, tragen Sie die dunkleren Töne und Schatten mit Ihrem dunkelsten Stift auf.

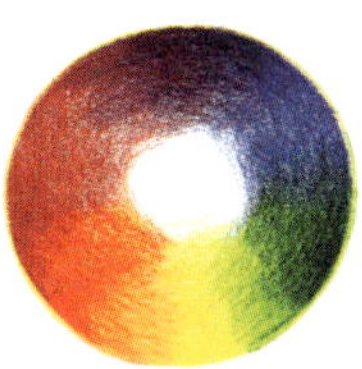

Analoge Farben: Analoge Farben liegen im Farbkreis nebeneinander. Diese Farben sind sehr wirkungsvoll, wenn man sie in einer Zeichnung zusammenbringt. Grün und Gelb sind zum Beispiel Nachbarn im Farbkreis. Werden diese beiden Farben gemischt, entsteht eine neue Farbe, Gelbgrün, die die Eigenschaften beider Farben hat. Die drei Farben sind also analog, weil sie in enger Beziehung zueinander stehen. Analoge Farben verleihen Ihrer Zeichnung Harmonie.

DAS AUGE MISCHT DIE FARBEN

Das Punktieren als Technik zur Erzeugung von Tonwerten (siehe S. 30) lässt sich auch zum Mischen von Farben verwenden. Werden Punkte einer Farbe neben die Punkte einer anderen Farbe gesetzt, scheinen sie, von Weitem betrachtet, miteinander zu verschmelzen: Ein Bereich aus gelben und blauen Punkten erscheint von weiter weg betrachtet grün. Dies wird als optische Mischung bezeichnet.

Betrachtet man die Zeichnung von Marcus James aus der Nähe, sieht man etliche Punkte und Strukturen. Tritt man zurück, verwandeln sie sich in eine neblige, atmosphärische Landschaft. Der zeitaufwendige und mühsame Prozess, all die kleinen Pünktchen zu zeichnen, macht die Oberfläche seiner Zeichnung ebenso faszinierend wie den Effekt der optischen Mischung.

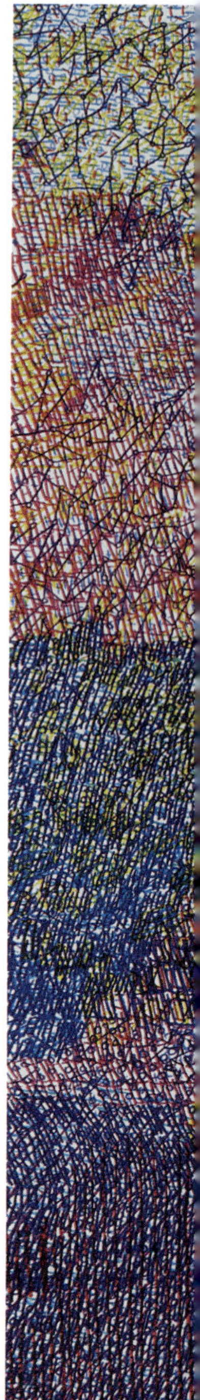

SELBST AUSPROBIEREN

1. Wählen Sie Buntstifte in zwei Primärfarben. Legen Sie mit einer Farbe eine Fläche aus Punkten an. Erzeugen Sie dunklere Bereiche, indem Sie die Punkte dichter gruppieren.

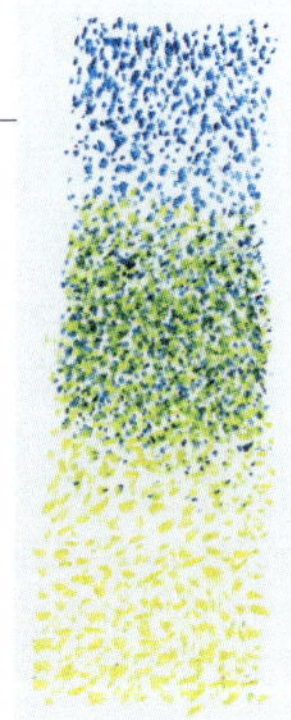

2. Fügen Sie mit dem zweiten Buntstift neue Punkte zu denen hinzu, die Sie mit dem ersten Stift gesetzt haben.

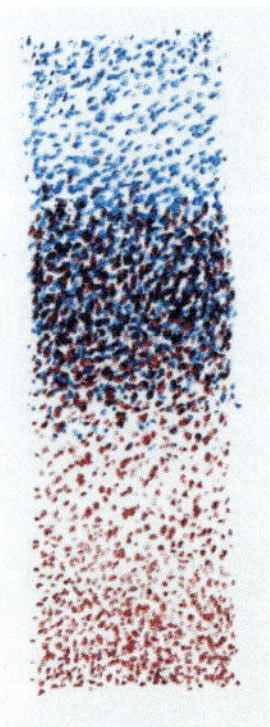

3. Treten Sie ab und zu etwas von der Zeichnung zurück, um zu prüfen, wie die neue Sekundärfarbe, die durch die verschiedenfarbigen Punkte entsteht, aus der Ferne wirkt.

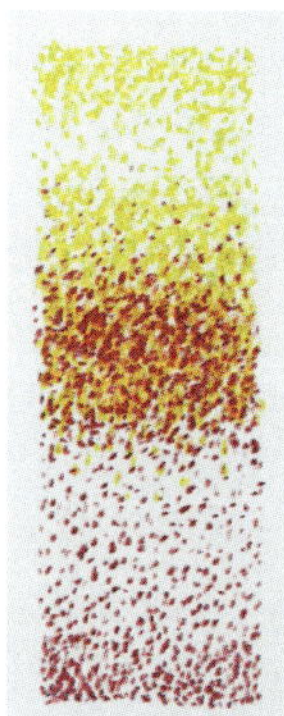

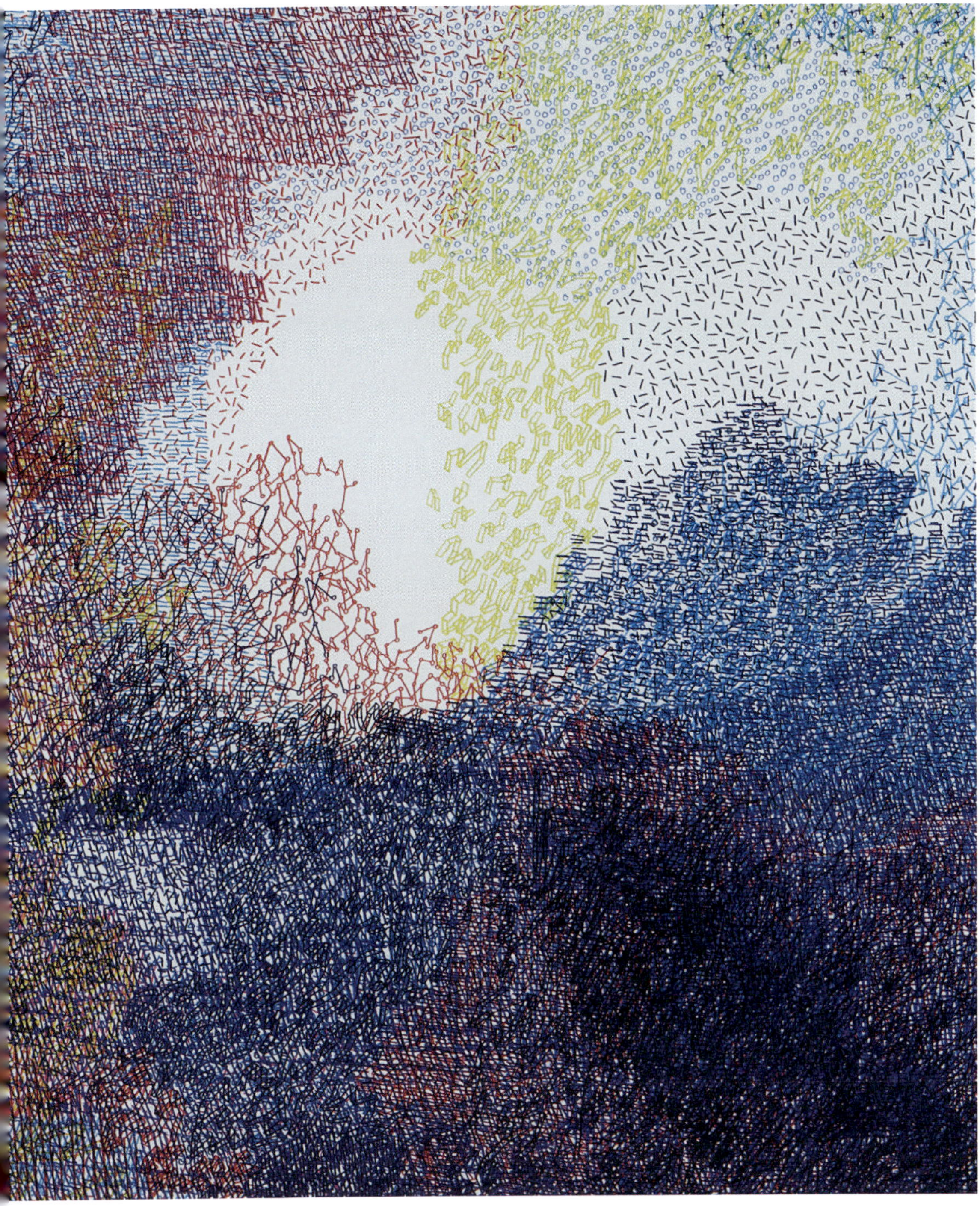

Marcus James, *Ascending Bidean Nam Bian*, Buntstift auf Fabriano-Papier, 2015

KREUZSCHRAFFUREN IN FARBE

Mit Buntstiften erzeugte Schraffuren und Kreuzschraffuren sorgen für sanfte Übergänge zwischen den Farben (siehe S. 72). Manchmal sollen Ihre Schraffurlinien aber vielleicht sichtbar bleiben, um Textur, Bewegung und Rhythmus auszudrücken. Mit dieser Technik bauen Sie verschiedene Farben auf, indem Sie über eine Farbe Schraffuren und Kreuzschraffuren in einer oder mehreren anderen Farben legen.

Bei dieser Zeichnung von Andrea Serio wurden die einzelnen Farben in einer Landschaft zu komplexeren Farben kombiniert. Wer genau hinschaut, sieht, dass er die Grüntöne, die er für das Blattwerk verwendet hat, durch zusätzliche Gelb- und Blautöne verändert hat, um feinere Schattierungen zu erzeugen. Dies ermöglicht ihm, die dunstigen Blautöne in den Schatten einzufangen.

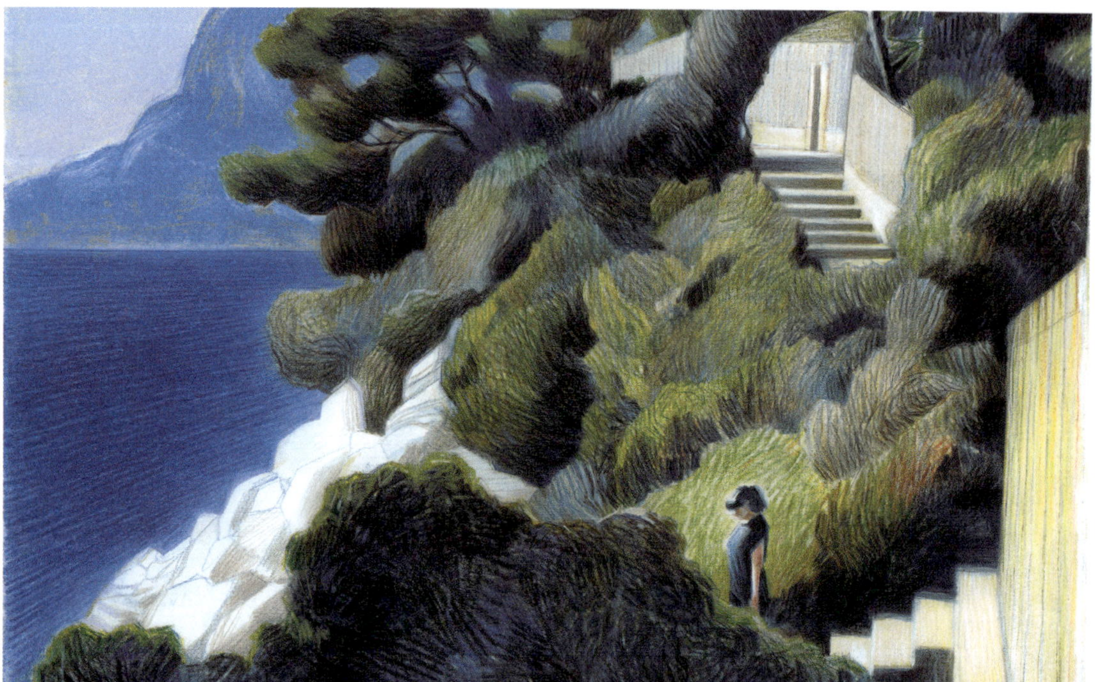

Andrea Serio, *Promenade Le Corbusier*, Wachsmalstifte und Buntstifte auf Papier, 2017

1. In der Natur gibt es normalerweise keine einheitlichen Oberflächen in einer einzigen Farbe. Betrachten Sie eine Landschaft daher genau, um ihre verschiedenen Farben zu erkennen. Schraffieren Sie eine Fläche in der vorherrschenden Farbe. Für dunklere Bereiche erzeugen Sie dichtere Schraffuren.

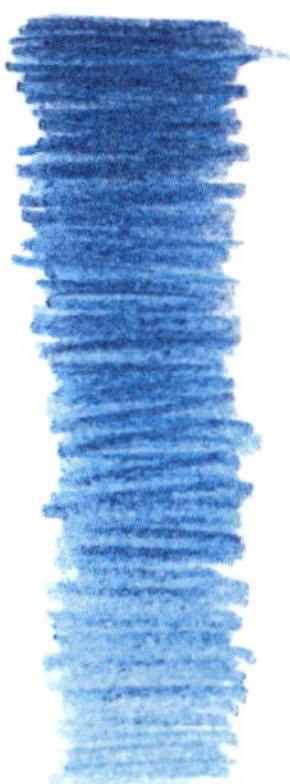

2. Mischen Sie nun die Farben, indem Sie mit einer zweiten Farbe über die erste schraffieren. Kreuzschraffuren in den dichteren, dunkleren Bereichen sorgen für differenziertere Schattierungen.

3. Experimentieren Sie, um ein Farbspektrum zu schaffen, das über die Grundfarben Ihres Buntstiftesets hinausgeht.

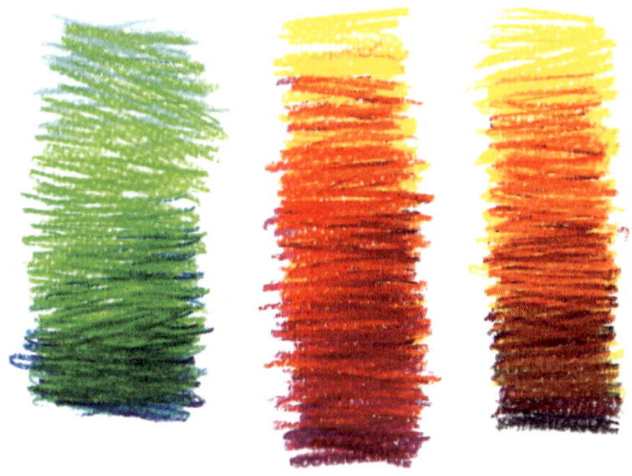

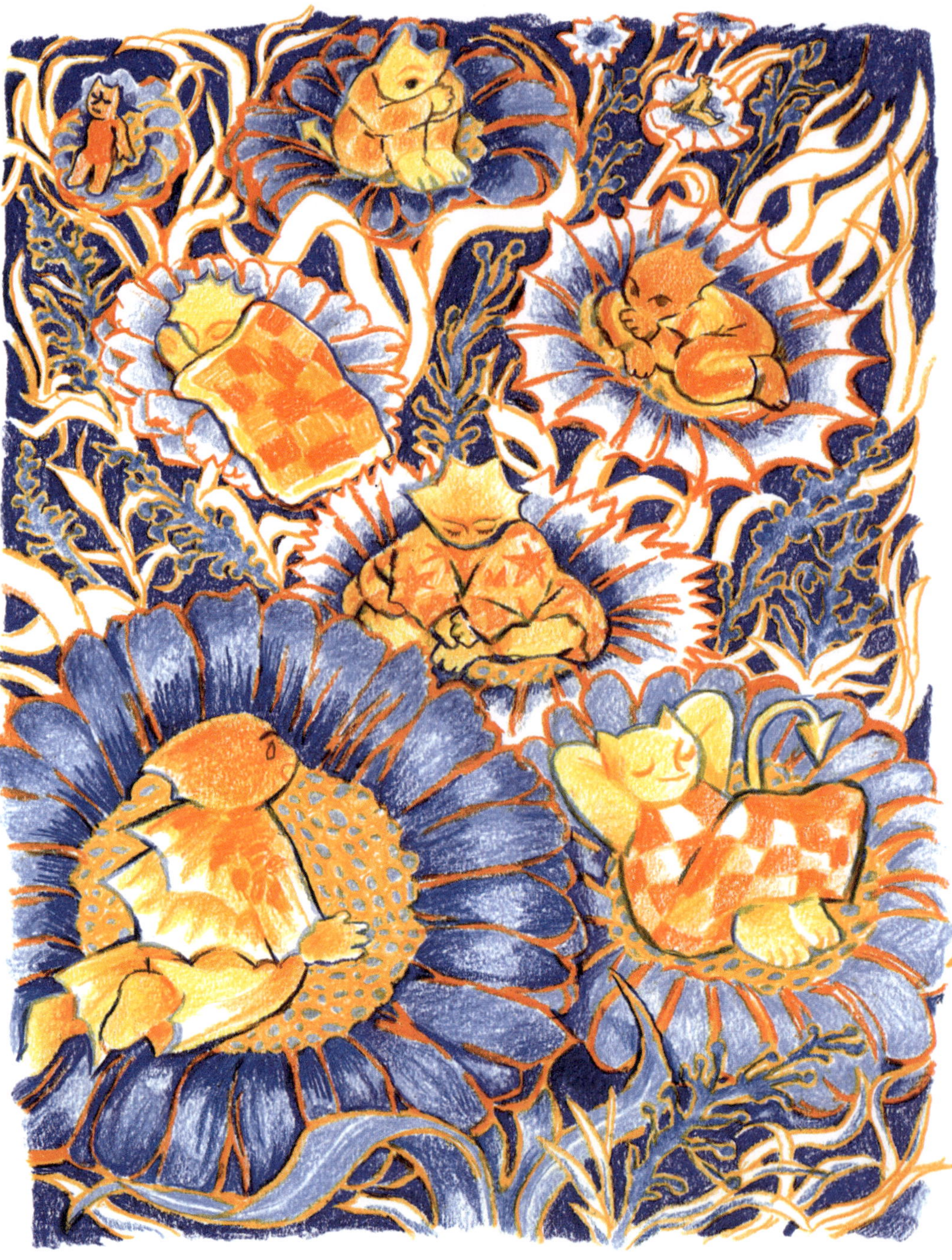

Lily Vie, *Flowers*, Buntstift auf Papier, 2020

UMRISSE FÜR MEHR KONTRAST

Umrisse verleihen Zeichnungen eine ausdrucksstarke, grafische Qualität, und in einer Komplementärfarbe unterstreichen sie diese Wirkung noch. Komplementärfarben liegen sich im Farbkreis gegenüber, kontrastieren stark miteinander und erzeugen visuell faszinierende Kombinationen. Zusammen verwendet, erscheinen sie heller und auffälliger. Lily Vie benutzt in ihrer Zeichnung die Komplementärfarben Orange und Blau. Die Umrisse in leuchtendem Orange verleihen ihrer begrenzten Palette an Blautönen wahre Leuchtkraft.

SELBST AUSPROBIEREN

1. Wählen Sie Buntstifte in zwei Komplementärfarben.

2. Zeichnen Sie mit einer der Farben einen Umriss.

3. Füllen Sie die umrissene Fläche mit der Komplementärfarbe aus. Um Tiefe zu erzeugen, verwenden Sie verschiedene Töne dieser zweiten Farbe (z. B. Dunkel- und Hellblau).

4. Wenn Sie sehr dunkle Stellen wünschen (wie das Dunkelblau in Lilys Zeichnung), fügen Sie diese zuletzt hinzu.

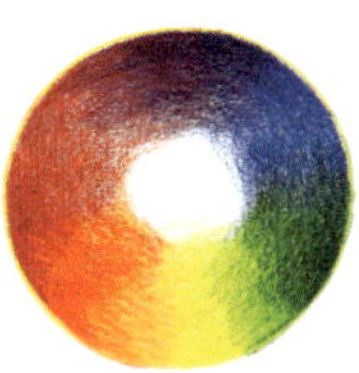

Komplementärfarben: Komplementärfarben liegen sich im Farbkreis gegenüber. Die Komplementär- einer jeden Primärfarbe ist eine Sekundärfarbe, die eine Mischung aus den beiden anderen Primärfarben im Farbkreis darstellt. Die Komplementärfarbe von Blau ist Orange, das eine Mischung aus Gelb und Rot ist. Die anderen Komplementärpaare sind Rot und Grün sowie Gelb und Violett.

MIT MUSTERN LANDSCHAFTEN GESTALTEN

Unten:
Lui Ferreyra,
Adumbration 2,
Buntstift auf
Papier, 2019

Die Realität durch Muster und Formen vereinfacht darzustellen zielt darauf ab, die Welt einmal anders zu sehen. Versuchen Sie also einmal, Ihr Motiv in einzelne Farbsegmente aufzugliedern. Machen Sie Muster und Farben zu den Hauptelementen Ihrer Zeichnung.

In dieser Zeichnung zerlegt Lui Ferreyra seine Szenerie in geometrische Formen, die er als Erstes skizziert. Die Schraffuren, mit denen er diese Formen füllt, deuten die Zacken der Berghänge und die Texturen der Bäume an. Das Papier fügt durch seine Tönung einen warmen braunen Mittelton hinzu, der die weißen Wolken hervorhebt. Es ist immer noch eine erkennbare Landschaft, aber man könnte noch einen Schritt weiter gehen und das Bild komplett in Muster zerlegen.

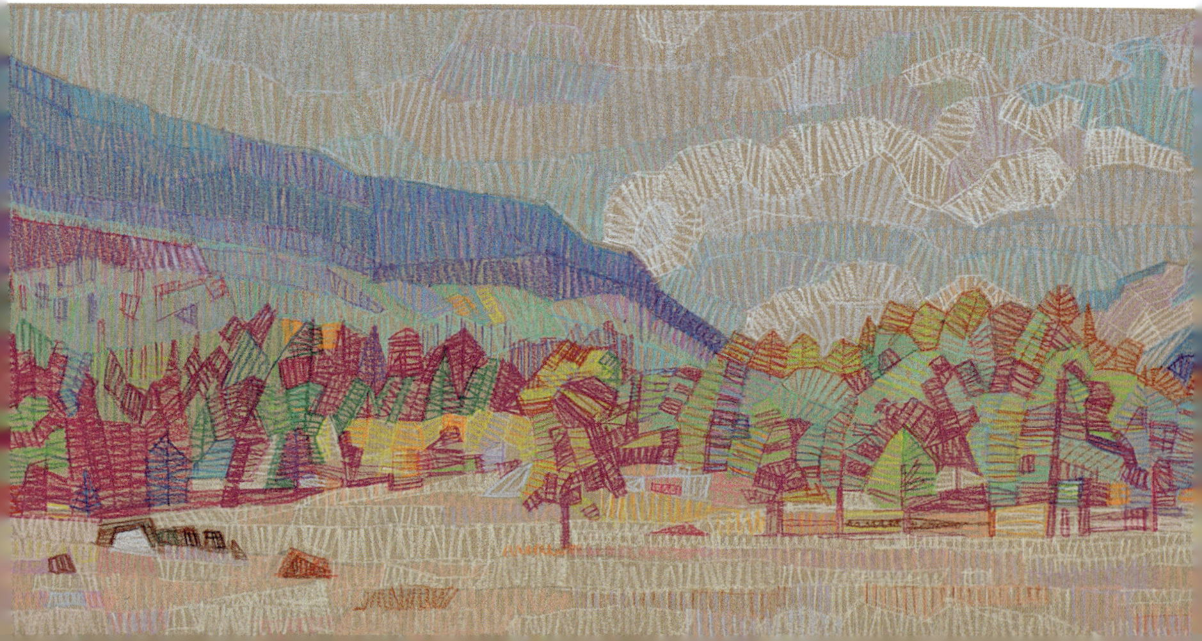

Wie verschiedene Farben auf getöntem Papier wirken
Auf mittelbraunem Papier wirken wärmere, hellere Farben wie Gelb-, Rot- und Orangetöne näher, während kältere, blassere Farben wie Weiß-, Grau- und Blautöne eine größere Ferne suggerieren. Probieren Sie dieselben Farben auf weißem Papier aus und beachten Sie den Unterschied.

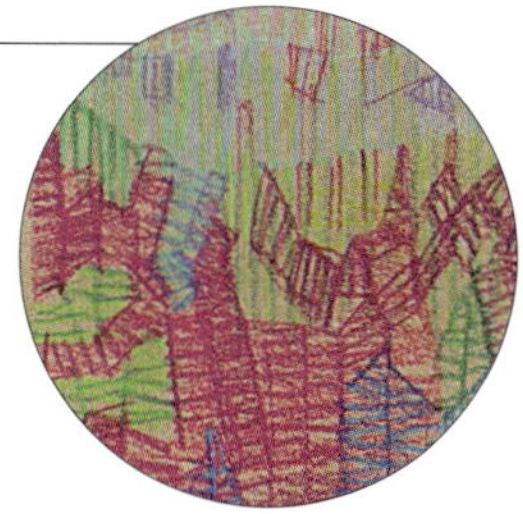

Zeichnen mit unterschiedlicher Strichstärke
Die Tiefenwirkung hängt davon ab, wie fest Sie den Stift aufdrücken. Experimentieren Sie mit kräftigeren, dunkleren Strichen, um Objekte näher erscheinen zu lassen.

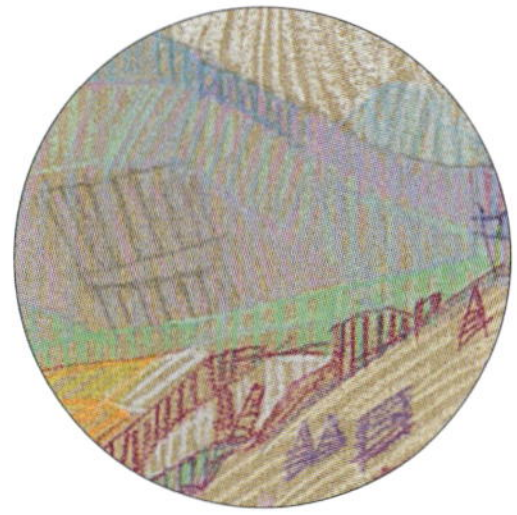

Farbkombinationen
Spielen Sie mit Komplementärfarben, um frische Farbkombinationen zu schaffen, die Ihre Zeichnung zusätzlich abstrahieren.

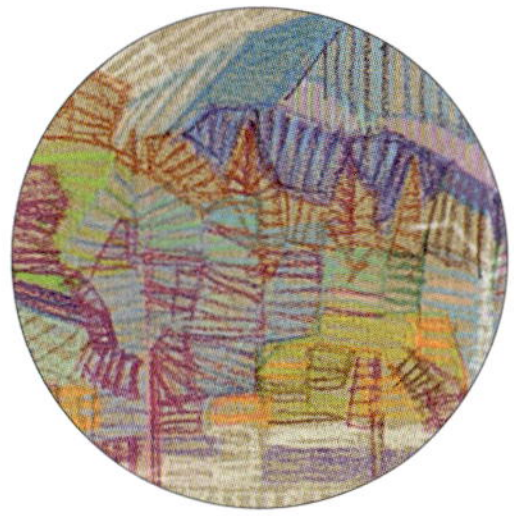

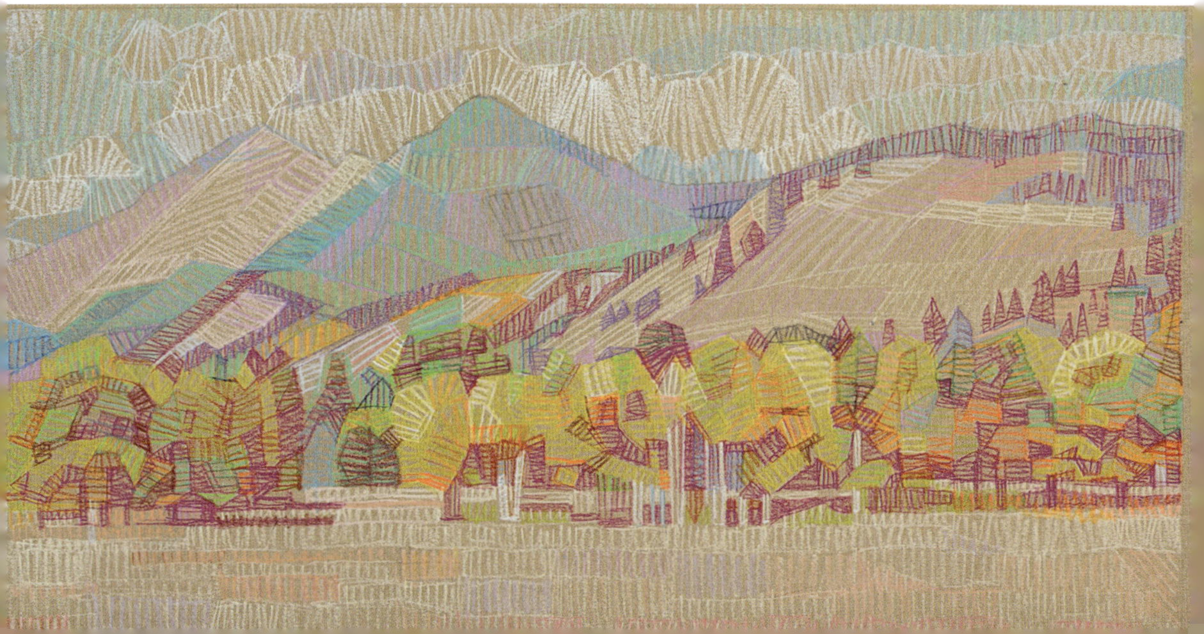

AQUARELLSTIFTE

Unten:
Eve Blackwood,
Octopus,
Aquarellstift auf
Papier, 2020

Mit Aquarellstiften lässt es sich genauso kontrolliert zeichnen wie mit Bleistiften, doch die entstandene Zeichnung lässt sich dann gänzlich oder teilweise durch die Zugabe von Wasser lavieren. Das Wasser setzt das in den Aquarellstiften enthaltene Pigment frei, das mit einem Pinsel verteilt wird. Je kräftiger der Strich, desto mehr Pigment ist auf dem Blatt. Die Menge des Wassers wirkt sich auf die Farbe aus: Je mehr Wasser Sie hinzufügen, desto verdünnter ist das Pigment und desto heller ist die Farbe; bei weniger Wasser bleibt die Farbintensität erhalten.

Sobald Ihre Lavierung fertig ist, können Sie mit Aquarell- oder anderen Stiften Details einarbeiten. Fügen Sie mehr Pigment hinzu, um einen Bereich dunkler zu machen oder die Farbe zu verändern. Da Sie mit Wasser arbeiten, müssen Sie ein schwereres Papier verwenden, das sich nicht wölbt.

Wenn Sie Aquarellstifte verwenden, brauchen Sie auch einen Pinsel. Ideal wäre ein Rundpinsel mit einer guten Spitze. Wie ein Bleistift hat auch der Pinsel eine Spitze und eine Breitseite (Bauch), die je nach Haltung und ausgeübtem Druck unterschiedliche Spuren hinterlassen.

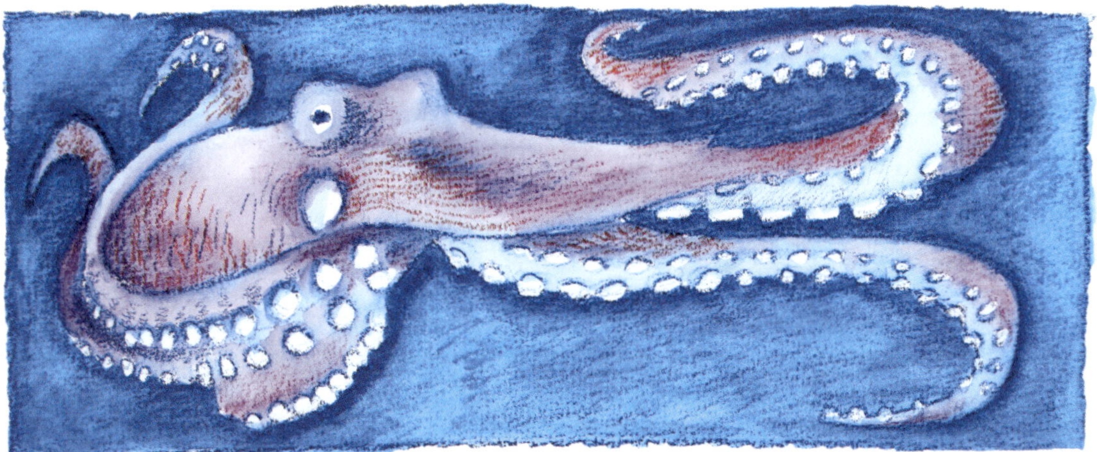

Farbe mit Aquarellstift auftragen
Tragen Sie etwas Farbe auf und legen Sie dunklere Bereiche dort an, wo eine kräftigere Farbe erwünscht ist.

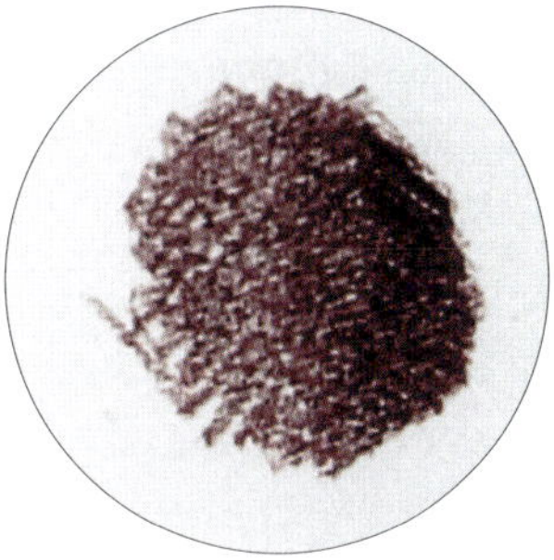

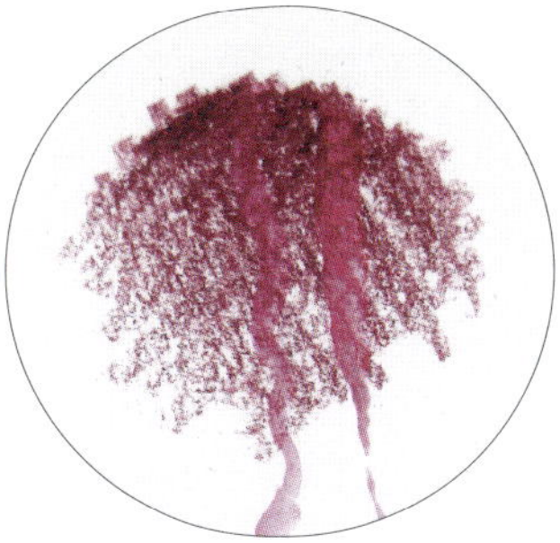

Lavieren
Benetzen Sie den Pinsel mit Wasser und tragen Sie dieses auf die Farbfläche auf. Geben Sie mehr Wasser hinzu, um das Pigment weiter zu verdünnen und eine hellere Lavierung zu erhalten.

Farben vermischen
Vermischen Sie zwei Farben, während Sie mit dem Pinsel über die Pigmente streichen. Sie können viel Wasser hinzufügen und verschiedene Farbpigmente miteinander verlaufen lassen. Experimentieren Sie damit, wie Sie den Pinsel verwenden. Mit dem Pinselbauch erhalten Sie eine breite Lavierung, mit der Spitze eine feinere Linie. Ziehen Sie mit dem Stift eine Linie am oberen Papierrand und fertigen Sie eine fein abgestufte Lavierung an, indem Sie das Pigment mit dem Pinselbauch langsam über das Blatt ziehen.

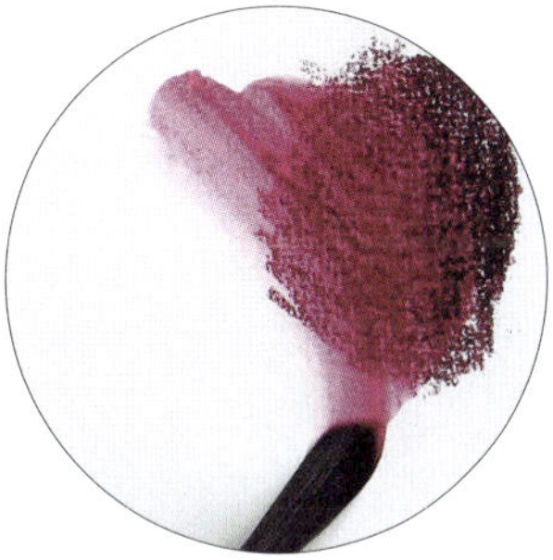

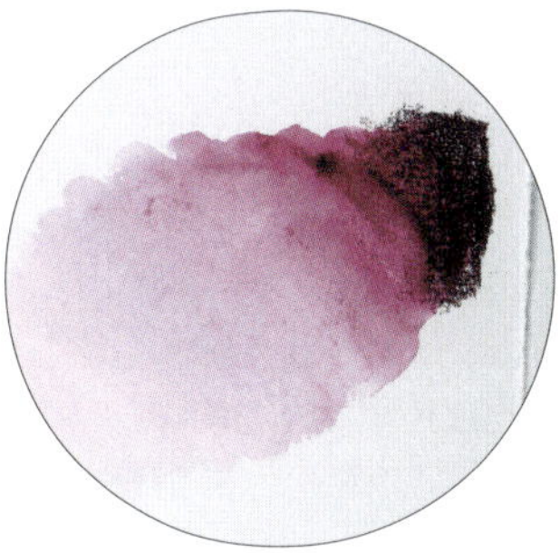

Details hinzufügen
Sobald die Lavierung getrocknet ist, arbeiten Sie mit den Aquarellstiften, um Pigmente hinzuzufügen und dunklere Bereiche zu schaffen, oder zeichnen Sie weitere Muster und Details ein.

TONWERTE DURCH LAVIEREN ERZEUGEN

Tönungen eignen sich, um Formen zu gestalten sowie Tiefe und räumliche Ferne zu suggerieren. Mit Bleistiften werden dabei helle, mittlere und dunkle Töne gemischt - ebenso mit Aquarellstiften, nur dass Sie die Tönungen hier durch die Zugabe von Wasser und nicht durch stärkere Bleistiftstriche erzeugen. Sie brauchen nicht viele Farben - eine genügt. Indem Sie zwischen dunkleren, weniger verdünnten Bereichen und helleren, wässrigeren Stellen variieren, sorgen Sie für die nötige Schattierung, um ein dreidimensionales Bild zu schaffen. In dieser Zeichnung sorgt der Aquarellstift für unterschiedliche Grautöne sowie für tiefe, kräftige dunkle Stellen, die das dramatische Licht hervorheben. Diese Technik ist eine gute Kombination aus Zeichnung und Malerei.

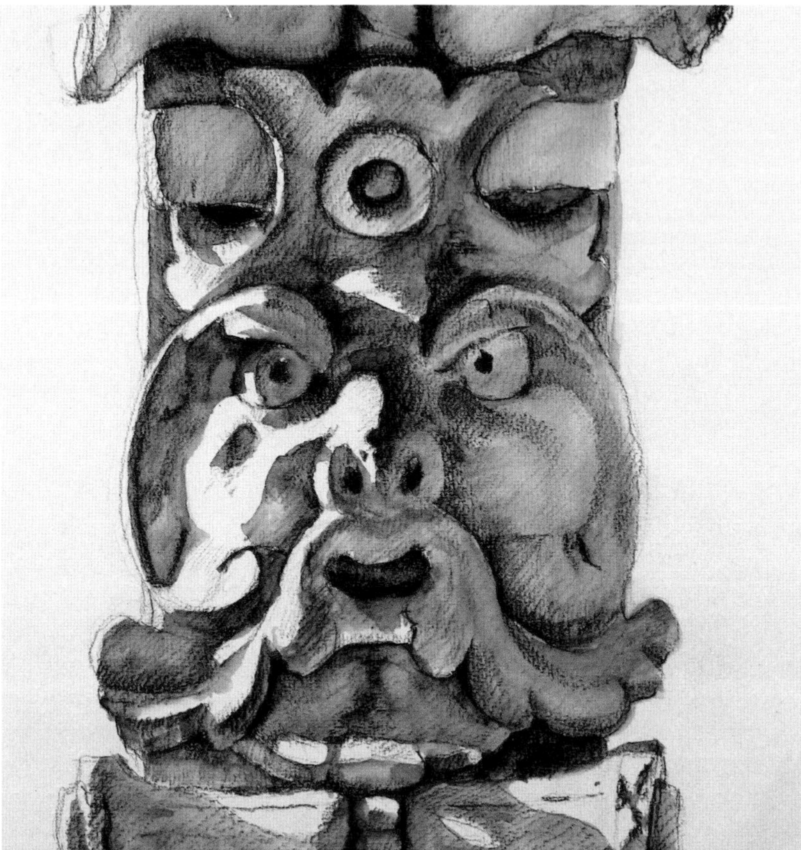

Eve Blackwood, *Architectural Study*, Aquarellstift auf Papier, 2020

1. Zeichnen Sie mit einem Aquarellstift (eine dunkle Farbe ist hier wirkungsvoller) die Umrisse eines Objekts. Tragen Sie dickere, kräftigere Linien an den Stellen auf, an denen Sie mehr Pigment für die Schatten benötigen. Bis auf die lichten Stellen sollte alles farbig sein, variieren Sie jedoch die Farbtiefe.

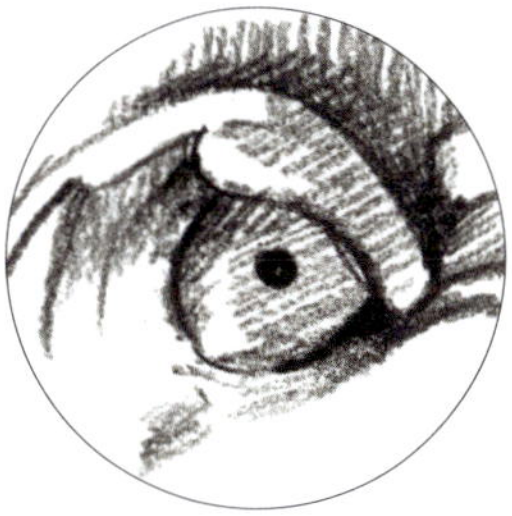

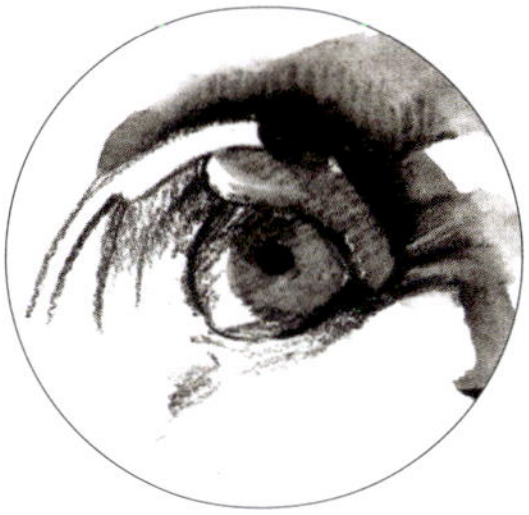

2. Fügen Sie mit dem Pinsel Wasser hinzu, um das Pigment aufzulösen und die Farbe auf dem Papier zu verteilen.

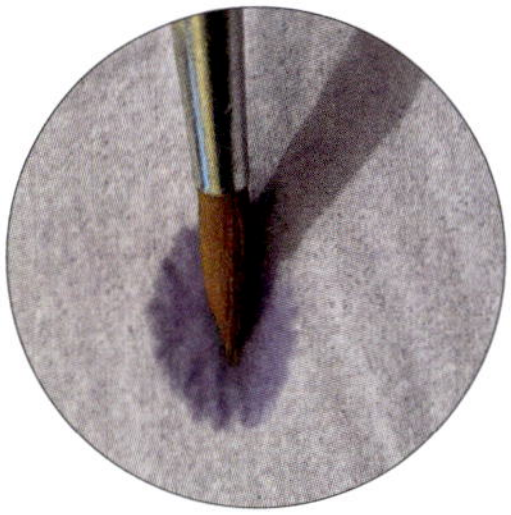

3. Trocknen Sie den Pinsel mit einem Lappen und tauchen Sie ihn in das nasse Pigment, um überschüssige Farbe aufzunehmen.

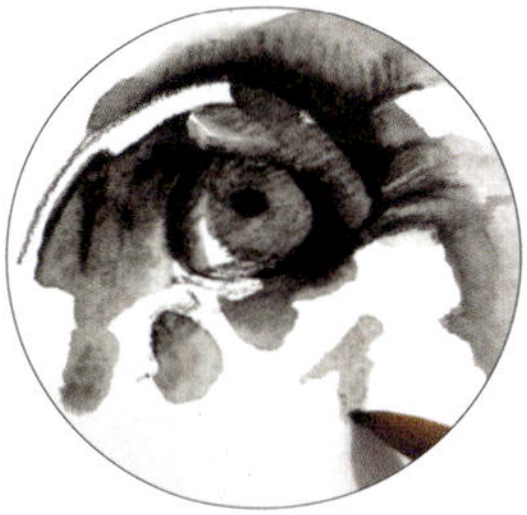

4. Mit dem Pigment auf dem nassen Pinsel können Sie andere Stellen der Zeichnung mit Farbe versehen.

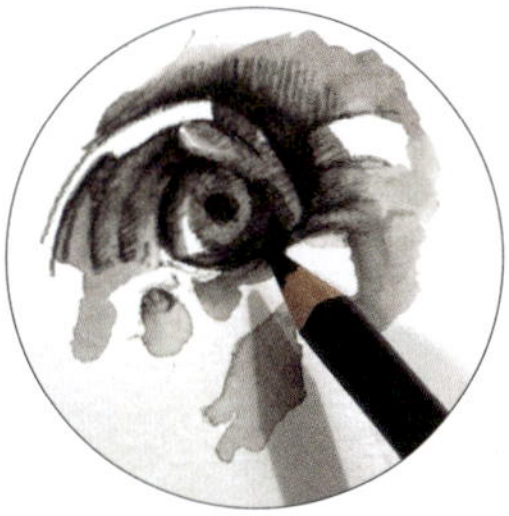

5. Ist die Zeichnung trocken, fügen Sie mit dem Aquarellstift Details und Texturen hinzu.

Tipp: Das Papier am oberen Rand etwas anheben, damit sich die nasse Farbe leichter über das Blatt verteilen kann.

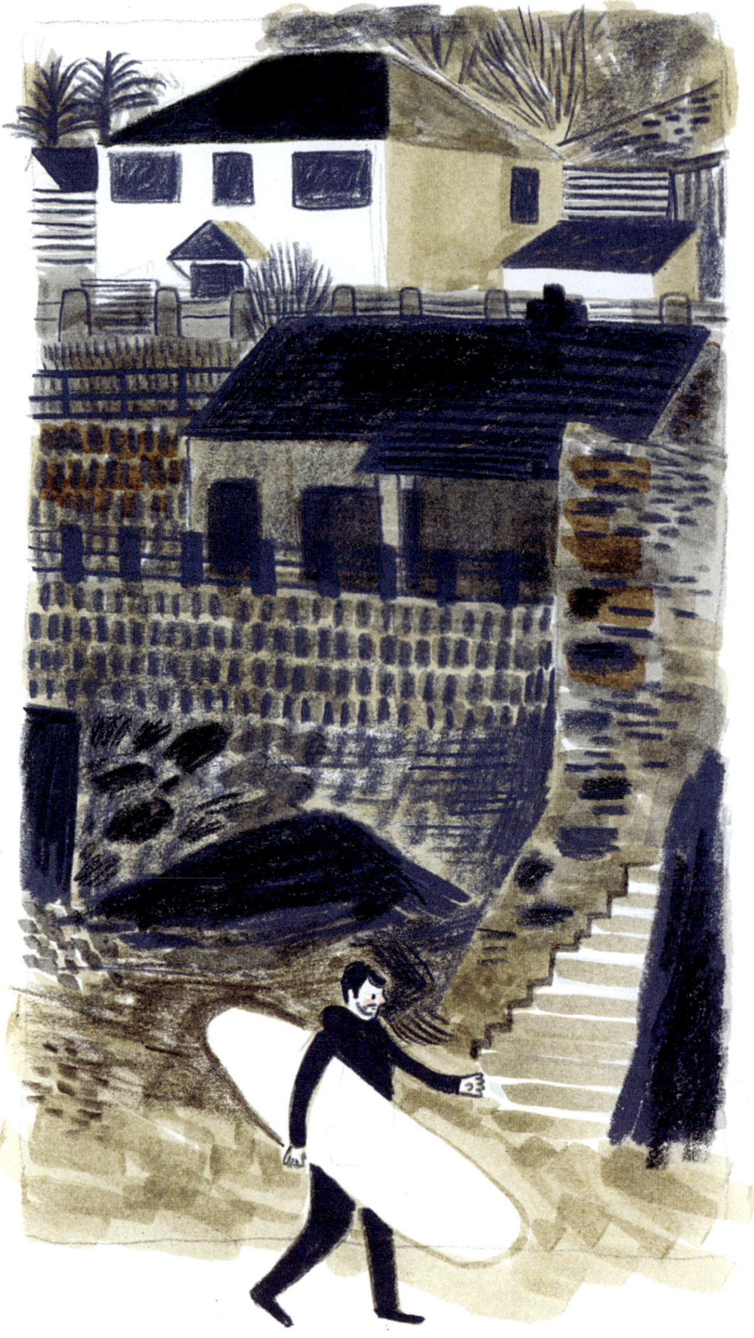

TEXTUREN AUF EINER LAVIERUNG ZEICHNEN

Wenn Sie eine Aquarellstiftzeichnung mit Wasser bearbeitet und so eine Lavierung erzeugt haben, zeichnen Sie nun über diese, während das Papier noch nass ist. So erhalten Sie kräftige, klare Linien für Details und Texturen. In dieser mit Buntstift gezeichneten und lavierten Skizze hat Emma Carlisle unterschiedliche Striche gesetzt, um Flächen und Muster darzustellen: kurze, dicke, vertikale Striche für die Ufermauer; verschiedene horizontale Striche für das unregelmäßige Mauerwerk der Treppe und längere, strahlenförmige Linien für die Bäume im Hintergrund. Achten Sie auf Muster und Texturen, wenn Sie eine bestimmte Szene zeichnen. Sie werden rhythmisch sich wiederholende Formen und Linien finden, sei es in einer Mauer oder im Fell Ihres Hundes.

SELBST AUSPROBIEREN

1. Tragen Sie als Erstes mit trockener Farbe mehrere Flächen auf.

2. Fügen Sie Wasser hinzu, um das Pigment zu verteilen, sodass eine Lavierung entsteht.

3. Danach zeichnen Sie mit einem dunkleren Buntstift kräftige, prägnante Striche in die noch feuchte Lavierung ein.

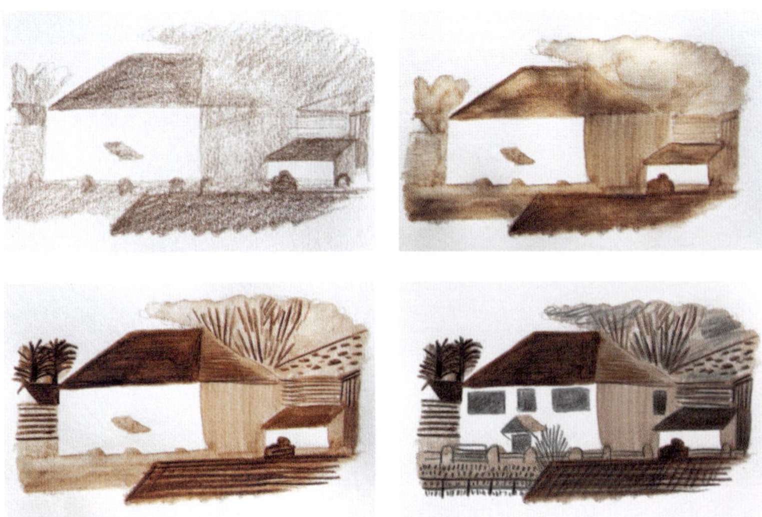

Gegenüberliegende Seite: Emma Carlisle, *Surfers at St Agnes, Cornwall*, Buntstift auf Papier, 2018

FARBVERLÄUFE MIT AQUARELLSTIFTEN

Erweitern Sie die Farbpalette Ihrer Aquarellstifte. Wie bei Buntstiften lassen sich von jeder Farbe Schattierungen und Abstufungen erzielen, indem die trockenen Farben der Aquarellstifte auf dem Blatt vermischt werden: Grüntöne können etwa gelblich oder bläulich sein. Ähnlich wie farbige Kreuzschraffuren (siehe S. 76) sorgen gemischte Farben für komplexere Zeichnungen, und Sie können interessantere Farbvarianten erstellen.

Nachdem Sie Ihre Farben mit den Aquarellstiften gemischt haben, fertigen Sie mit einem nassen Pinsel eine farbige, vielschichtige Lavierung an. Um die gemischte Farbe aufzuhellen, verdünnen Sie das Pigment mit noch mehr Wasser und ziehen es über das Papier.

SELBST AUSPROBIEREN

1. Experimentieren Sie auf einem Blatt Papier mit zwei oder drei sich vermischenden Farben.

2. Ziehen Sie einige gelbe Linien. Mischen Sie jede davon mit einer anderen Farbe, indem Sie diese zunächst an einem Ende auftragen und dann bis zur Mitte ziehen, wo sie sich vermischt.

3. Lavieren Sie die gemischte Farbe mit einem sauberen, nassen Pinsel.

4. Sie können Farben mischen, indem Sie bestimmte Bereiche auf einem Blatt mit trockenem Pigment kräftig ausmalen und dann mit einem nassen Pinsel die Farben in sich verlaufen lassen, da sich das Pigment im Wasser auflöst.

5. Wenig Pigment kann eine lange Spur ergeben: Füllen Sie mit dem Aquarellstift eine Stelle kräftig aus und ziehen Sie dann das Pigment mit dem nassen Pinsel über das Papier.

6. Wenn Sie Salz auf die nasse Lavierung streuen, sammelt sich das Pigment beim Trocknen um die Körner und verleiht Ihrer Zeichnung Textur.

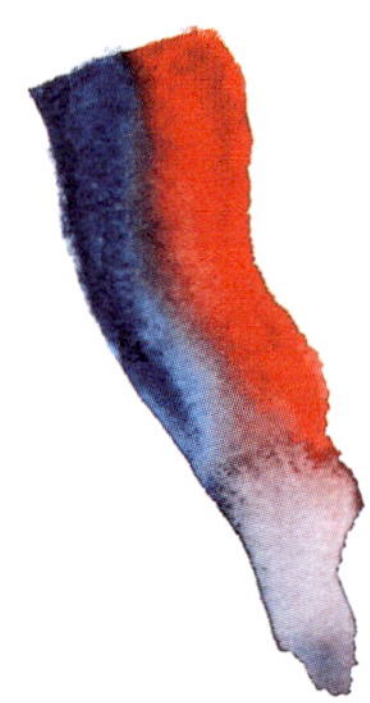

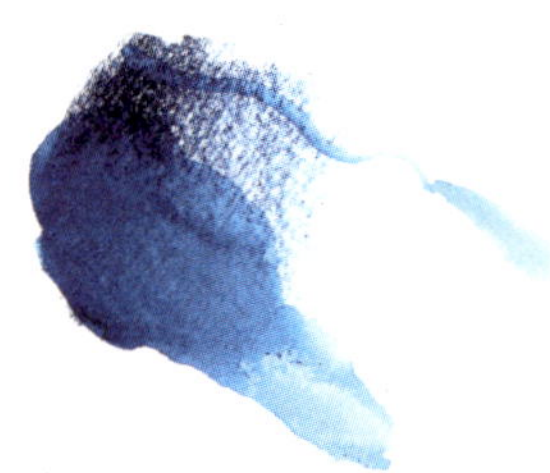

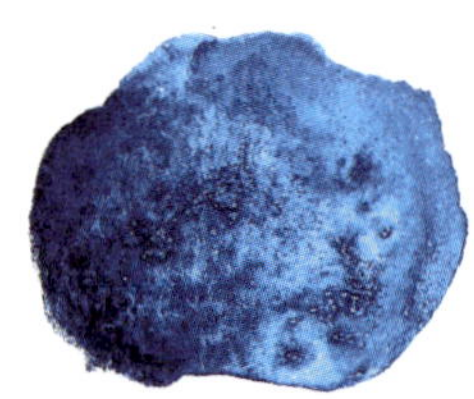

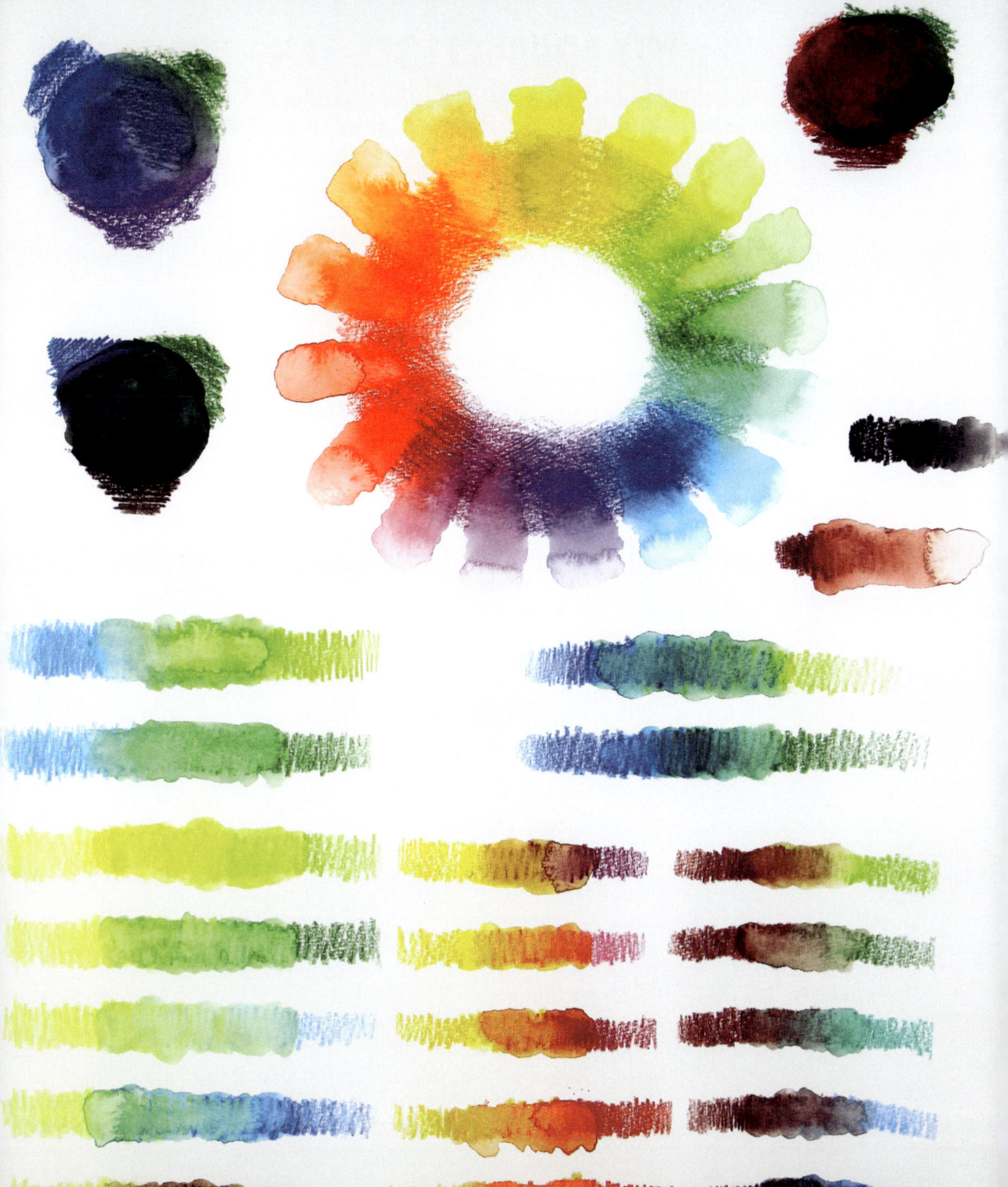

Selwyn Leamy, *Sunset*, Aquarellstift auf Papier, 2020

FARBVERLAUF MIT DREI FARBEN UND LAVIERUNG

Aquarellstifte eignen sich gut, um mit einer einzelnen Farbe eine Lavierung anzufertigen, auf der sich dann weiterarbeiten lässt. Es können aber auch mehrfarbige Lavierungen kreiert werden, so lässt sich etwa ein stimmungsvoller Himmel gestalten: Ein weicher Farbverlauf aus Blau, Rotbraun und Gelb suggeriert die Farben eines Sonnenuntergangs.

SELBST AUSPROBIEREN

1. Legen Sie einen Farbverlauf aus den drei Farben an, die wir für den Abendhimmel verwenden: Blau, Rotbraun und Gelb. Den Stift fester aufdrücken, um mehr Farbpigmente in den dunkleren Bereichen aufzutragen – das dunkle Blau am oberen Teil des Himmels, der in die Nacht übergeht, und das Gelb unten, wo die Sonne gerade versunken ist.

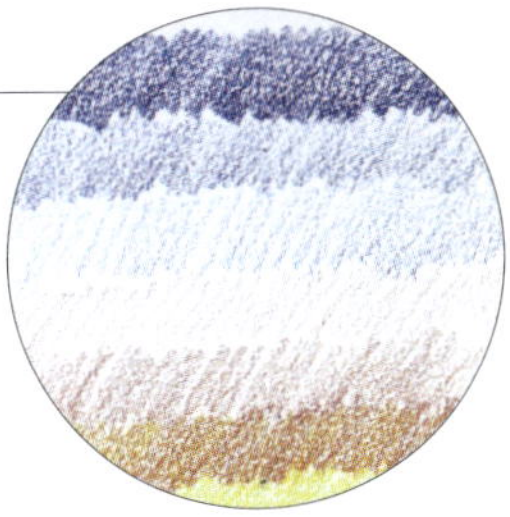

2. Legen Sie das Blatt oben etwas erhöht auf, damit das Wasser nach unten läuft. Tränken Sie den Rundpinsel mit sauberem Wasser. Ziehen Sie mit dem Pinselbauch breite, gleichmäßige, horizontale Striche bis nach unten auf dem Blatt. Mit dem Pinsel nicht wieder nach oben gehen, da sonst die Mischung verschmiert.

3. Wenn die Lavierung einmal fertig ist, sollte man nicht der Versuchung erliegen, sie noch einmal zu überarbeiten, auch wenn sie nicht perfekt ist. Fügen Sie unten einige Bereiche in dunklerem Braun und Blau hinzu, um die Landschaft zu gestalten.

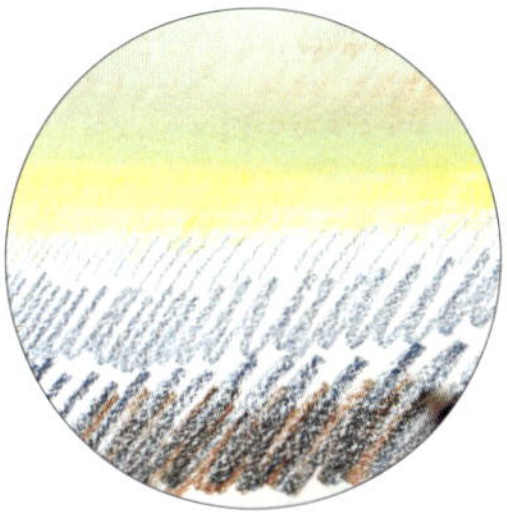

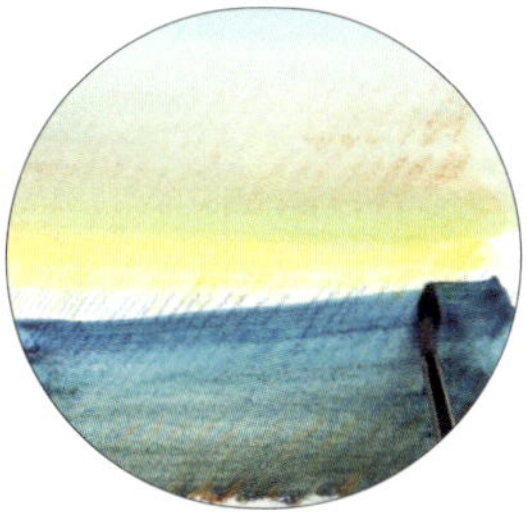

4. Hier fügte Selwyn die Landschaft hinzu, als die Lavierung fertig, das Papier aber noch feucht war. Sie können dies auch tun, nachdem der lavierte Himmel getrocknet ist. Tragen Sie eine weitere Lavierung mit Wasser auf, um die Farben der Landschaft zu vermischen.

BILDGESTALTUNG IN MISCHTECHNIK

Falls Sie verschiedene Medien in einer Zeichnung verwenden möchten, sollte Ihnen klar sein, was die einzelnen Elemente bewirken. Mit zu vielen Utensilien gerät Ihre Zeichnung mitunter schnell zu einem heillosen Durcheinander.

In dieser 15-Minuten-Skizze dienten Sophie Peanut Aquarellstifte als Ausgangspunkt, um die Hügel und den Stausee zu skizzieren, Bewegung und Textur zu erzeugen. Anschließend hat sie Aquarellfarben hinzugefügt, um eine Lavierung zu erhalten, die sich aufgelöst und mit den Spuren der Stifte vermischt hat. Einige Farbspritzer lassen an Regen denken. Schließlich hat sie die wichtigsten Bildelemente mit einem feinen schwarzen wasserfesten Stift akzentuiert, was dem Ganzen Ordnung und Schärfe verleiht.

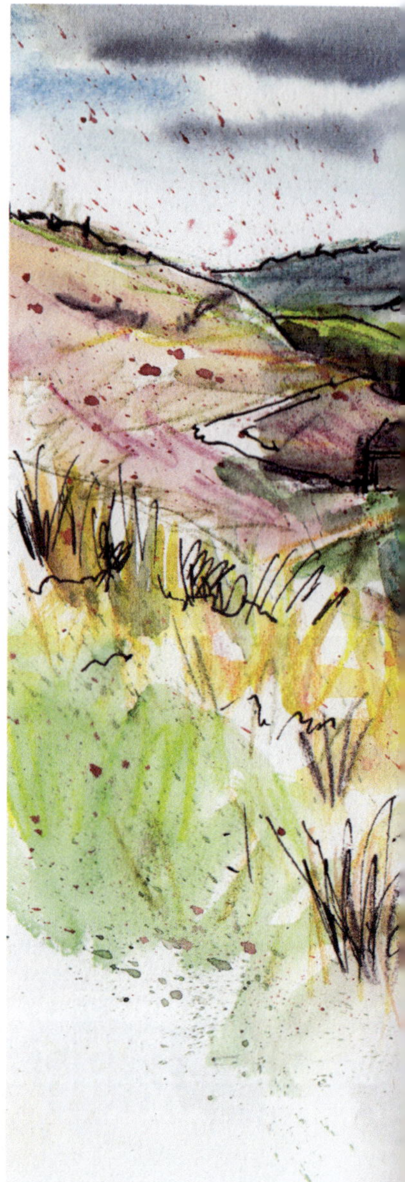

Gegenüberliegende Seite: Sophie Peanut, *Withens Clough Reservoir*, wasserlösliche Stifte von Inktense, schwarzer Stift, Pinsel und Aquarellfarben auf Papier, 2020

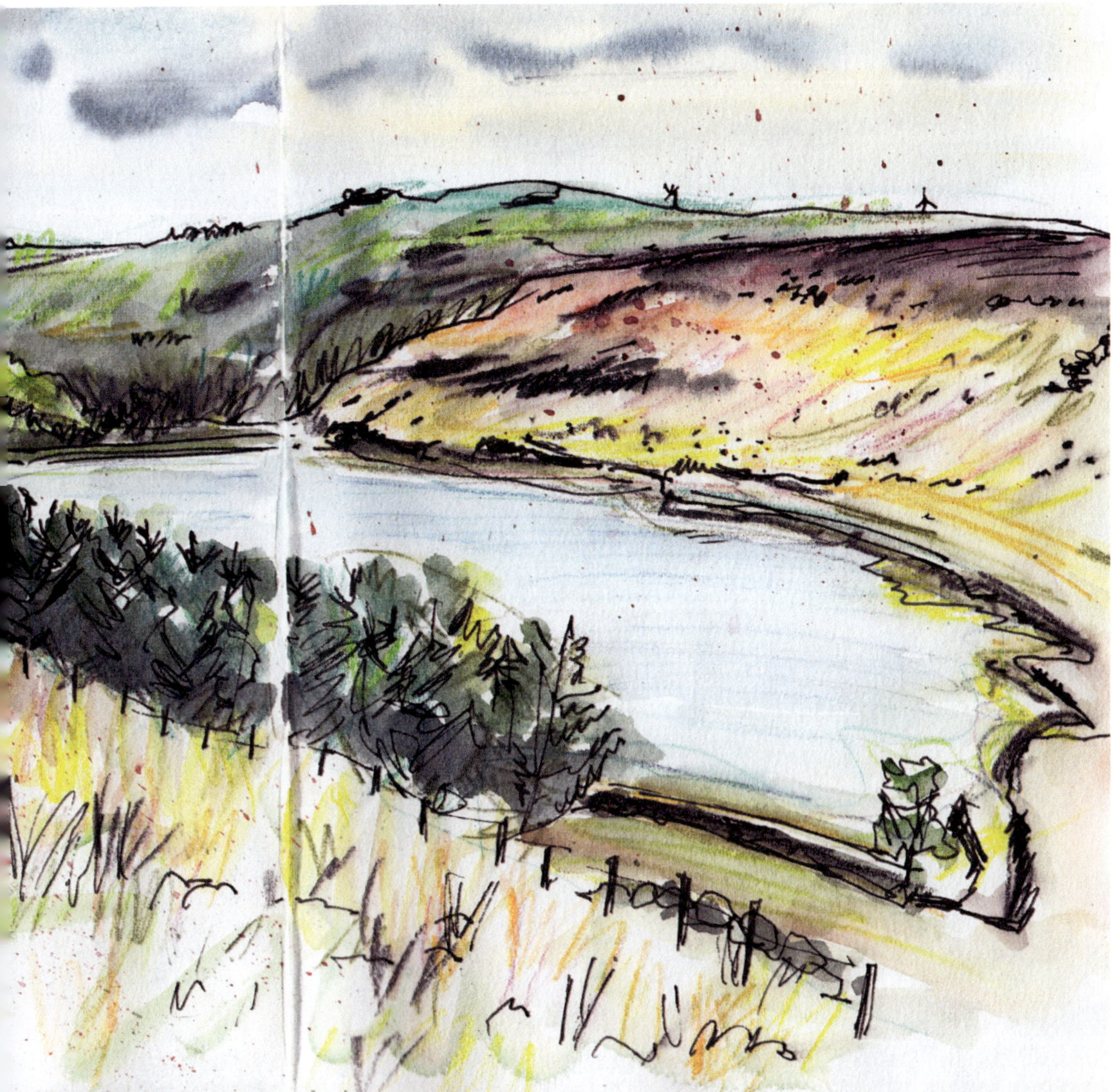

AUSSPARUNGEN MIT WACHS

Das Aussparen mit Wachs ist eine nützliche Technik in Verbindung mit Aquarellstiften. Mit Ölkreiden, Wachsmalstiften oder sogar einer angespitzten Kerze können Bereiche Ihrer Zeichnung so versiegelt werden, dass sie beim Lavieren keine Farben aufnehmen.

Hier wurde wasserfeste weiße Ölkreide verwendet, um die Stellen mit Wachs abzudecken, die die Birkenstämme bilden. Diese kontrastieren mit der Lavierung in leuchtenden Herbstfarben voller satter Orange- und Rosatöne. Auf die lavierte Fläche wurden mit Bleistift Details wie die Textur der Rinde und die Umrisse der Äste hinzugefügt. Diese Technik ist ideal für kräftige, kontrastreiche Zeichnungen.

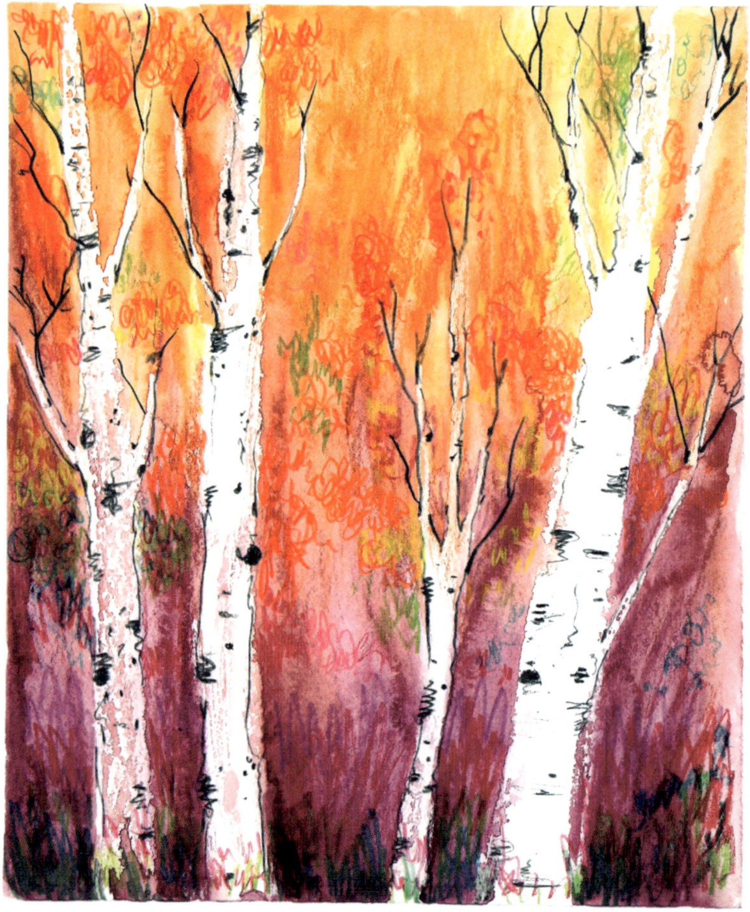

Eve Blackwood, *Silver Birches in Autumn*, Aquarellstift und Ölkreide auf Papier, 2020

1. Zeichnen Sie zunächst mit Ölkreide oder einem anderen wachshaltigen, wasserfesten Medium die Stellen, die frei bleiben sollen. Tragen Sie dann mit Aquarellstiften trockene Farbe um die Wachsabdeckungen herum auf.

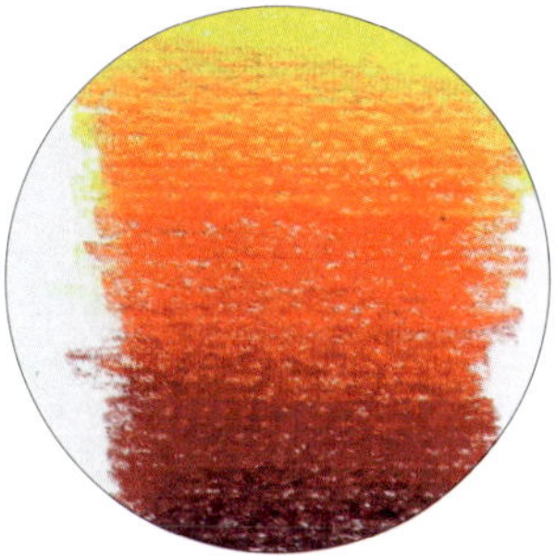

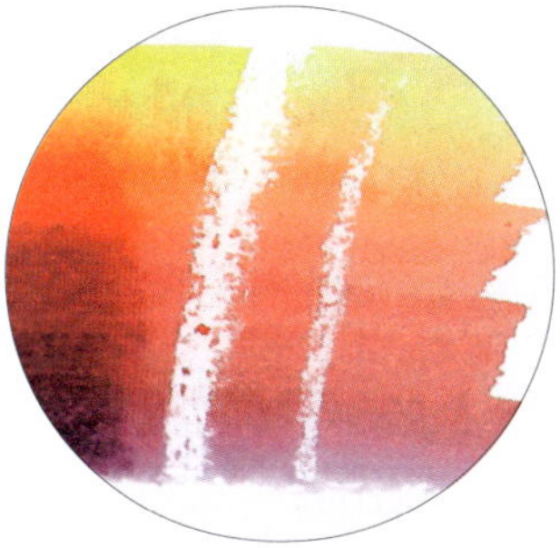

2. Geben Sie Wasser zu den mit Aquarellstift gezeichneten Stellen hinzu, um den Hintergrund zu lavieren. Das Pigment breitet sich bis zum Rand der gewachsten Stelle aus, aber nicht weiter. Es entsteht ein scharfer Rand, sodass Sie mit Ihren Pinselstrichen frei verfahren können.

3. Sobald die Lavierung getrocknet ist, können Sie mit den trockenen Aquarellstiften darüber arbeiten und die Farben mischen, um eine kräftigere oder komplexere Farbe zu erzeugen. Sie können der neuen Farbe auch Wasser hinzufügen und so eine weitere Lavierung kreieren.

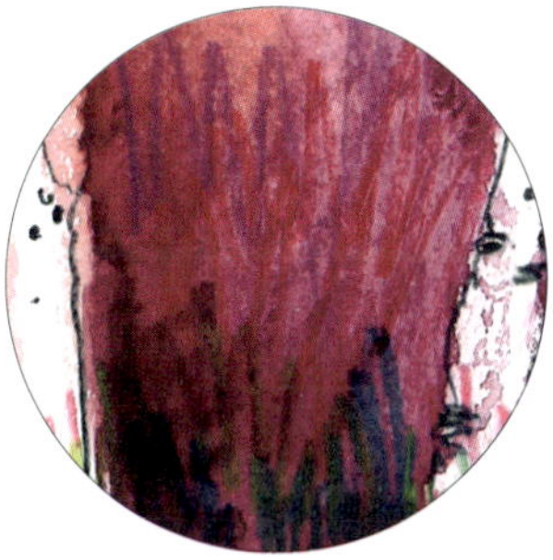

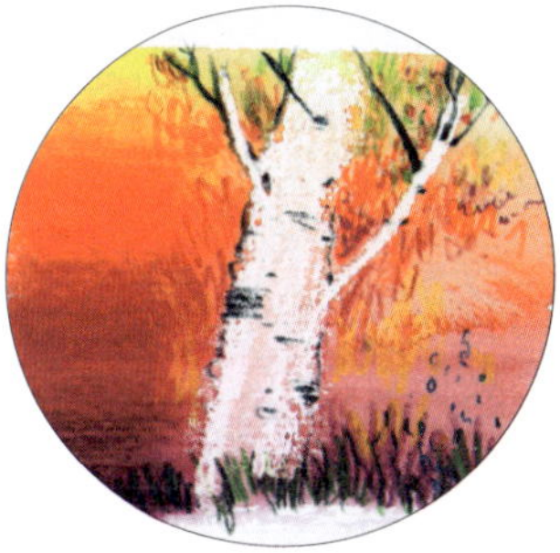

4. Zeichnen Sie zum Schluss mit trockenen Aquarellstiften auf der gewachsten Stelle und der Lavierung, um farbige und strukturierte Details hinzuzufügen.

ZEICHEN-
GRÜNDE
UND
SKIZZEN-
BÜCHER

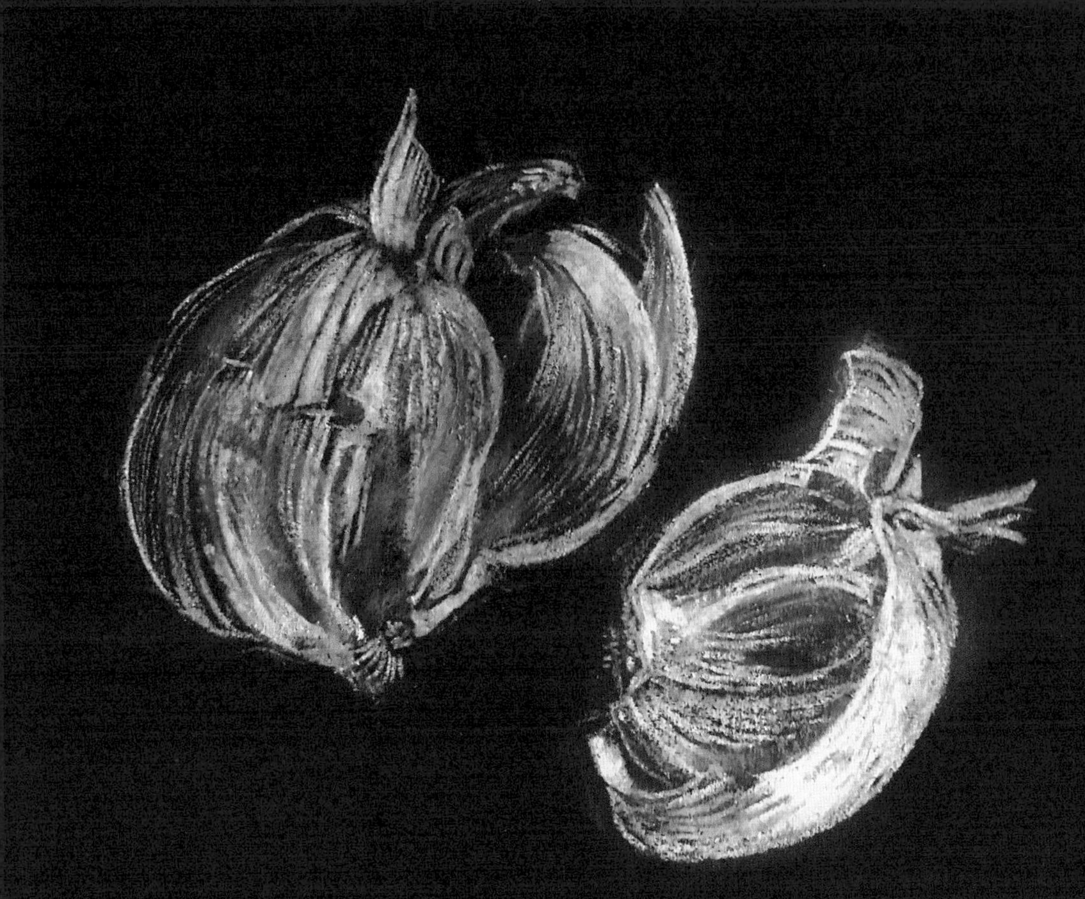

WEISS AUF SCHWARZ

Gegenüberliegende Seite: Rachel Mercer, *Garlic*, weißer Buntstift auf Papier, 2021

Mit Kontrasten lassen sich Zeichnungen effektvoll gestalten. Weiße Aquarellstifte oder China-Marker wirken auf schwarzem Papier sehr eindrucksvoll. Ein weißer Aquarellstift hinterlässt eine undeutlichere Linie, lässt sich aber „verwaschen", während der wasserfeste China-Marker eine ausdrucksstarke, wenngleich etwas körnige Linie ergibt.

Hier zeichnet Rachel Mercer mit weißem Buntstift auf schwarzem Papier, um die papierne Haut der Knoblauchknolle darzustellen - ein helles, kontrastreiches Bild. Indem sie unterschiedlichen Druck ausübt, gestaltet sie den Rand der Knolle mit einer kräftigeren Linie, während sie in anderen Bereichen weiße Schichten aufbaut, um ein feines Schimmern zu erzeugen, durch das sich der Knoblauch vom schwarzen Papier abhebt.

SELBST AUSPROBIEREN

Experimentieren Sie mit verschiedenen Stiften auf schwarzem Papier und achten Sie auf die unterschiedlichen Effekte:

China-Marker hinterlassen klebrige, helle Spuren.

Aquarellstifte sind nicht so farbintensiv wie China-Marker, die Farbe kann aber zum Zwecke einer Lavierung verdünnt werden.

Weiße Buntstifte sind unerlässlich, wenn man auf dunklem Grund zeichnet, denn die Schlaglichter, für die normalerweise das weiße Papier dient, müssen extra gestaltet werden.

Buntstifte funktionieren auch auf schwarzem Papier, und ein schwarzer Stift kann, aufgetragen auf anderen Farben, sehr effektvoll sein.

Metallic-Stifte sind ebenfalls sehr wirkungsvoll.

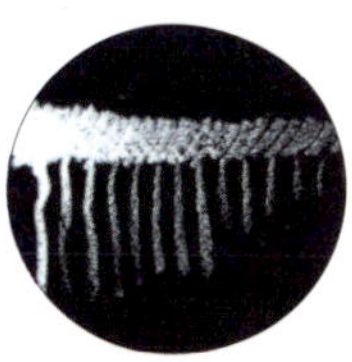

China-Marker

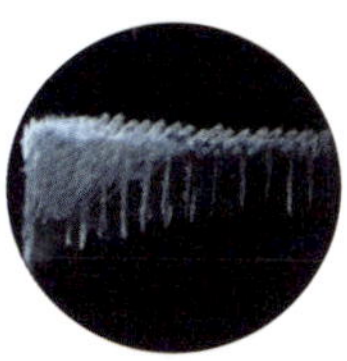

Aquarellstift

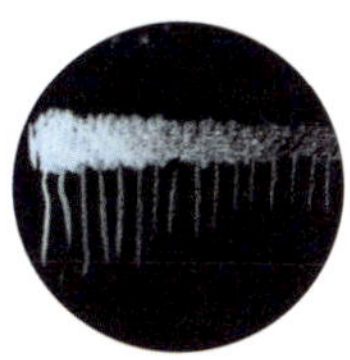

Weißer Buntstift

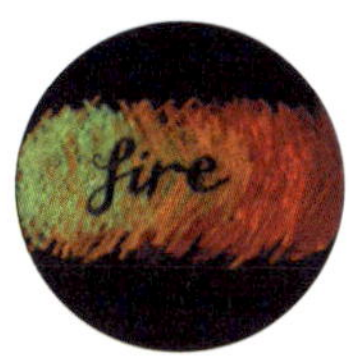

Buntstift

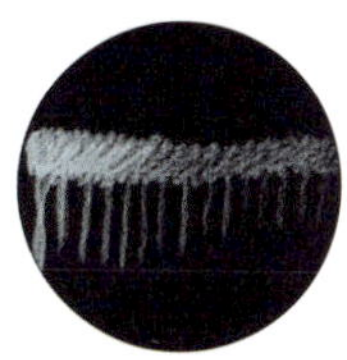

Metallic-Stift

Eve Blackwood,
Moon,
China-Marker
und Aquarellstift
auf Papier,
2021

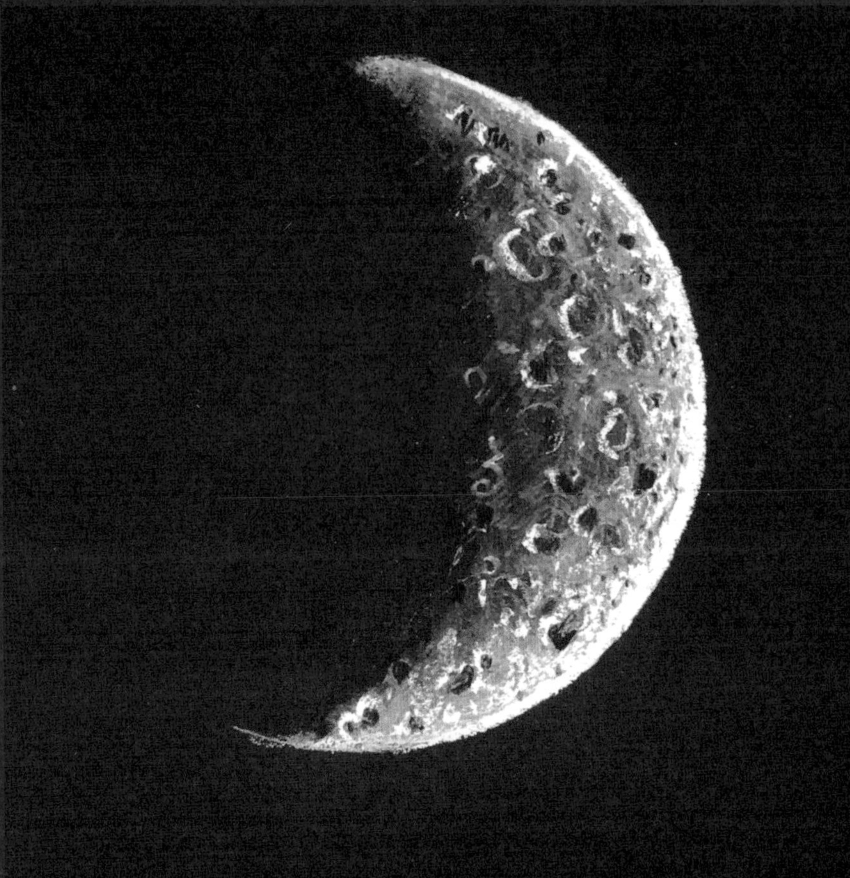

SCHLAGLICHTER BETONEN

Das Arbeiten mit weißem Stift auf einer dunklen Fläche ermöglicht eine Zeichnung, die nur aus lichten Stellen besteht, wie in dieser Mondgrafik. Hier sehen Sie den Unterschied zwischen einem weißen Aquarellstift samt Lavierung und dem kräftigeren, helleren Weiß eines China-Markers.

SELBST AUSPROBIEREN

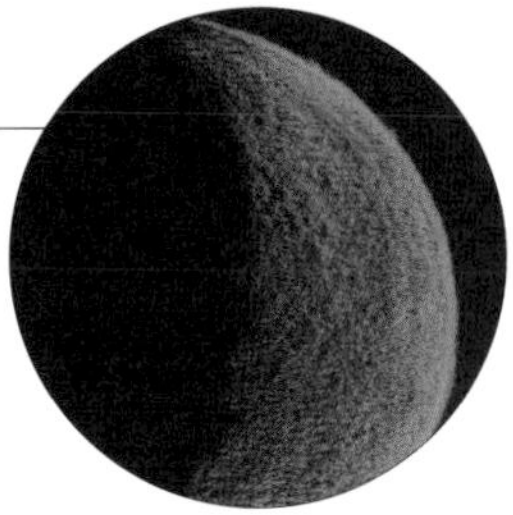

1. Zuerst die helle Seite des Mondes mit einem weißen Aquarellstift vorzeichnen.

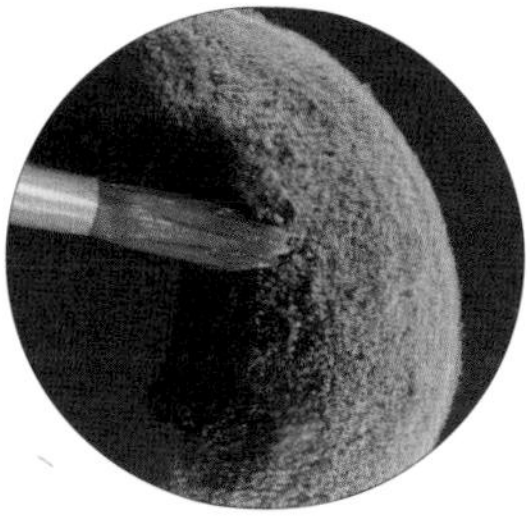

2. Mit einem sauberen, feuchten Pinsel Wasser hinzufügen, sodass eine sanfte Abstufung von Weiß nach Schwarz entsteht.

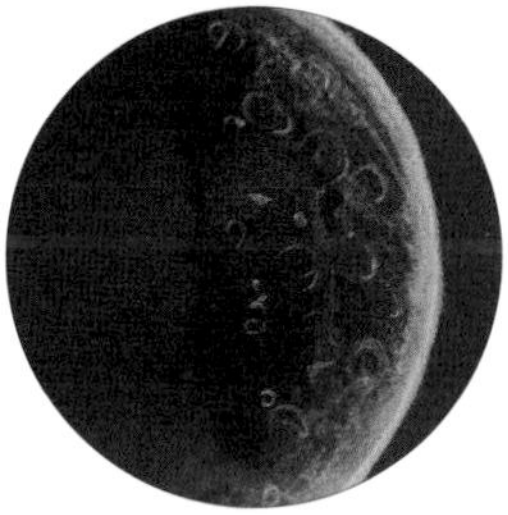

3. Mit dem Aquarellstift auf dem nassen Papier die Details hervorheben.

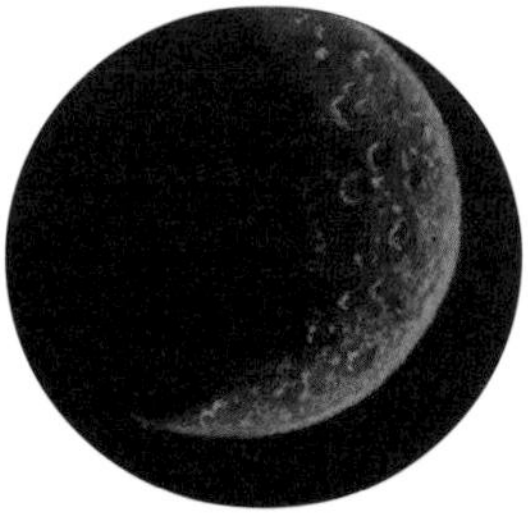

4. Sobald die Aquarellfarbe getrocknet ist, mit dem China-Marker, der noch kräftigere, hellere Spuren hinterlässt, Schlaglichter auftragen.

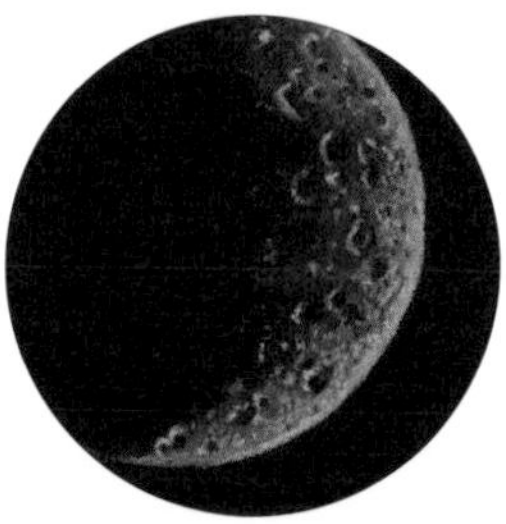

5. Schließlich mit einem schwarzen Stift die Details in den Schatten zeichnen.

COLLAGE

Gegenüberliegende Seite:
Asimina Hollingworth,
A Family,
Bleistift und Collage,
2020

Eine Collage besteht aus Papierstücken, Fotos, Stoffen und anderen bedruckten Dingen, die aufgeklebt werden. Diese Technik in eine Zeichnung zu integrieren verleiht ihr Bedeutung und Persönlichkeit. Sie können sich zudem von den Aufdrucken des bedruckten Materials inspirieren lassen.

Die alten Briefumschläge und Papiere im Hintergrund dieser Collage von Asimina Hollingworth bilden die Kulisse für dieses Familienbildnis, das an die steifen viktorianischen Atelierporträts erinnert. Sie hat zusätzlich einen Bleistift benutzt, etwa für die Details in den Gesichtern und für das dicke, dichte Schwarz des Kleides der Matriarchin. Die roten Punkte auf den Wangen sind ebenfalls Teil der Collage.

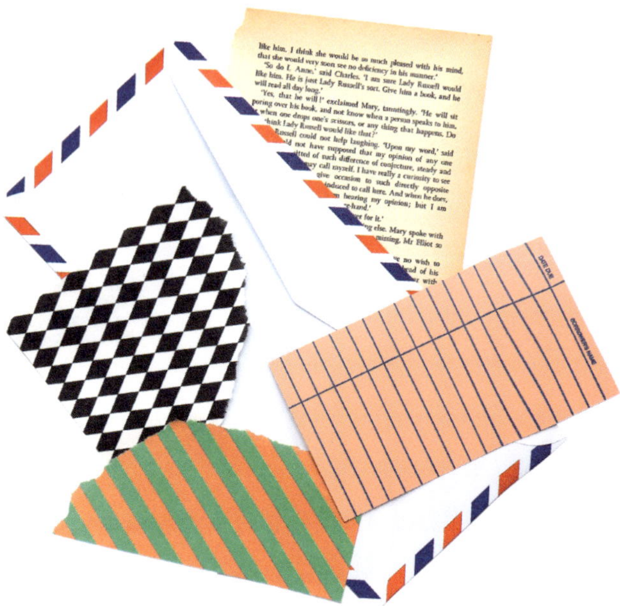

Tipp: Für Collagen werden Sie wahrscheinlich mehrere verschiedene Papierarten verwenden, und Bleistifte zeichnen auf verschiedenen Materialien unterschiedlich: Wachshaltiges Papier, etwa Zugtickets, lässt sich schwieriger bemalen. Versuchen Sie, die Muster und Designs der Papiere in Ihre Zeichnung zu integrieren.

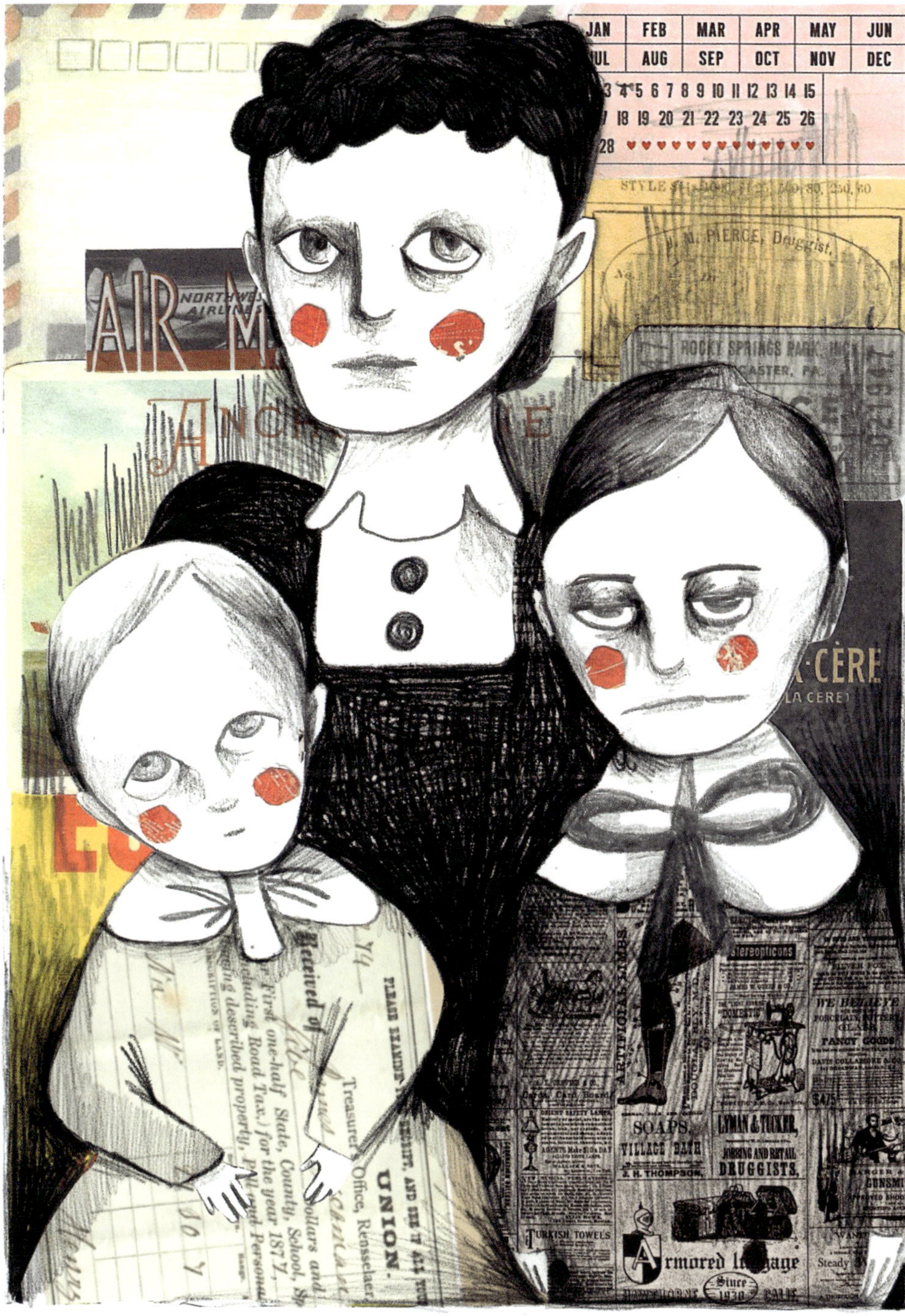
JAN FEB MAR APR MAY JUN
AUG SEP OCT NOV DEC
5 6 7 8 9 10 11 12 13 14 15
18 19 20 21 22 23 24 25 26
28
AIR
ROCKY SPRINGS PARK, INC.
PIERCE, Druggist,
ARTIFICIAL LIMBS
Stereopticons
SOAPS.
VILLAGE BATH
LYMAN & TUCKER,
JOBBING AND RETAIL
DRUGGISTS.
TURKISH TOWELS
Received of
UNION.
FANCY GOODS

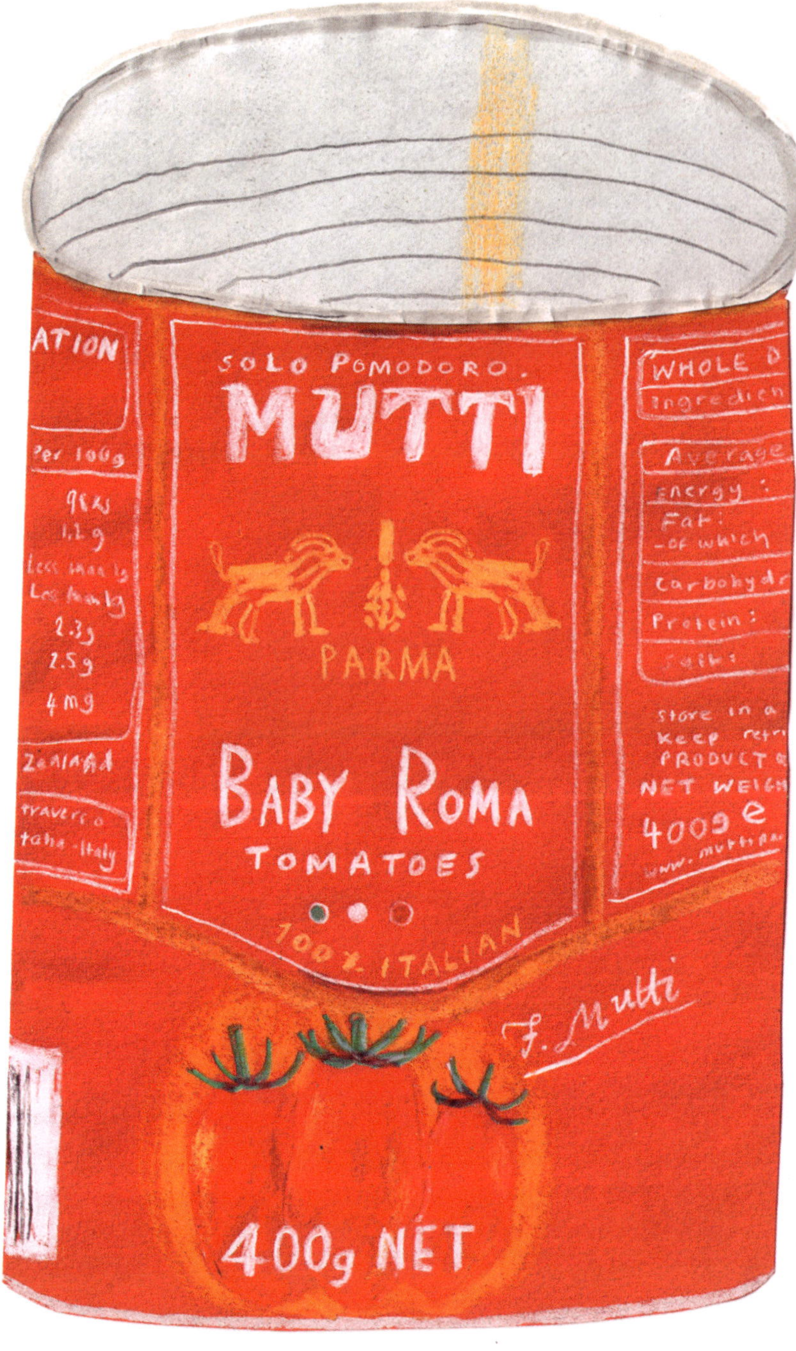
SOLO POMODORO.
MUTTI
PARMA
BABY ROMA
TOMATOES
100% ITALIAN
F. Mutti
400g NET
ATION
Per 100g
WHOLE D
Energy :
Fat:
Protein :
NET WEIGH

FARBIGES PAPIER EFFEKTVOLL EINSETZEN

Gegenüberliegende Seite: Lucia Vinti, *Mutti Tomatoes*, Collage und Zeichnung (digital), 2021

Hier geht es nicht darum, verschiedene Papiere auszuschneiden, um damit eine Collage anzufertigen. Vielmehr soll eine einzige kräftige Farbe verwendet werden, mit der Sie die Form Ihres Motivs gestalten. Fertigen Sie die Silhouette eines Objekts an, indem Sie ein Stück farbiges Papier ausschneiden, um einen starken Kontrast zum Hintergrund zu erzeugen.

Lucia Vinti weiß diese Technik hervorragend anzuwenden. Sie wählt ein Papier in intensivem Rot und schneidet die vereinfachte Form einer Tomatendose aus. Dann zeichnet sie mit Buntstiften darüber, um das Typische der Dose hervorzuheben und die Details der Verpackung zu gestalten. Bei dieser Vorgehensweise geht es vor allem um die Wirkung der Farbe. Vinti ist nicht an Schattierungen oder dreidimensionalen Effekten interessiert; es ist eine flache, grafische Zeichnung.

Tipp: Die Farbe des Papiers wirkt sich auf die Farbe des Stifts aus. Sie benötigen mehrere Buntstifte, die einen helleren bis dunkleren Ton haben als das Papier. Gute, etwas weichere Stifte mit viel Pigment funktionieren sehr gut.

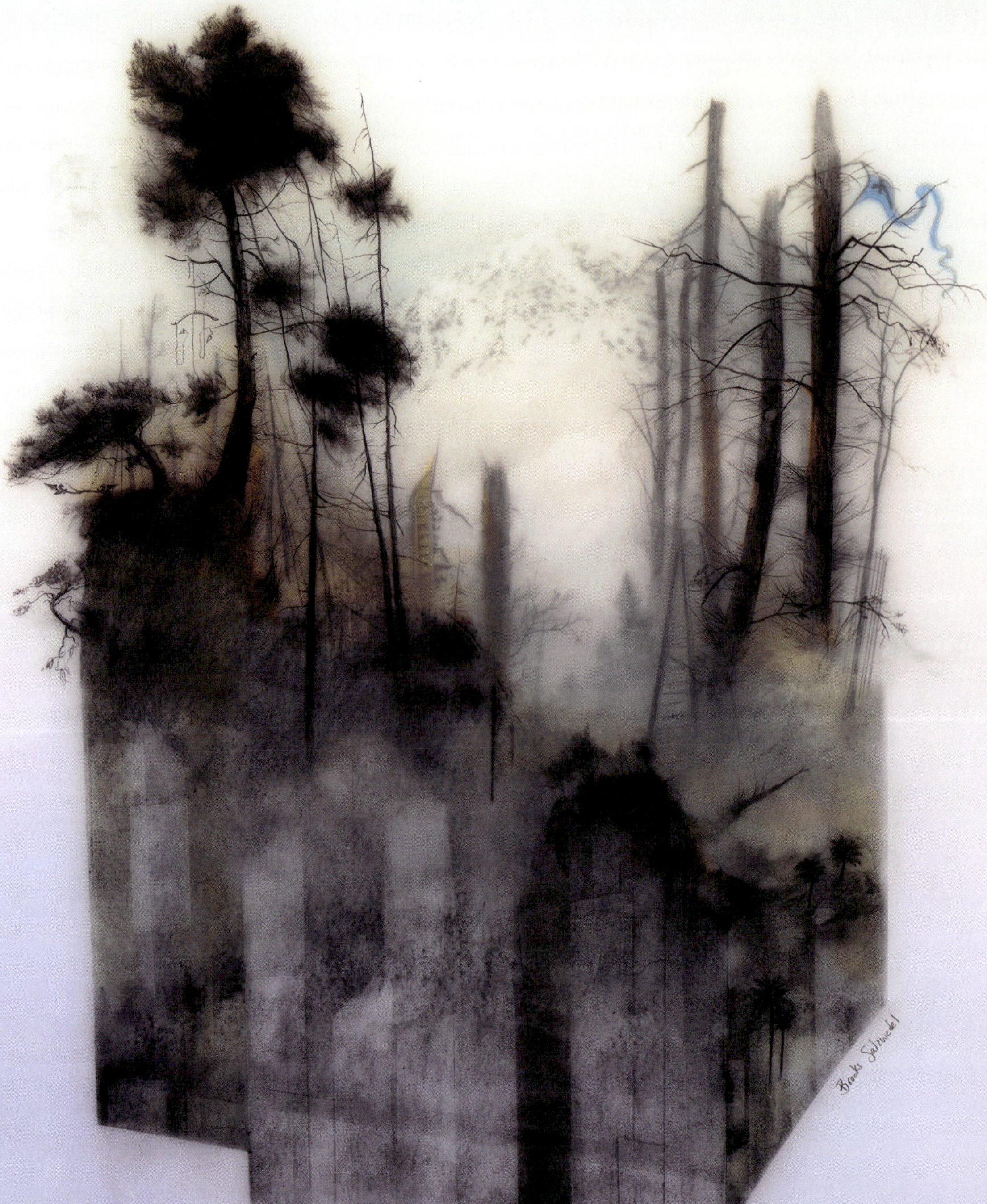

PAUSPAPIER

Gegenüberliegende Seite: Brooks Shane Salzwedel, *Seven Sails*, Bleistift, Buntstift, Klebeband und verschiedene Materialien auf Holz, 2018

Transparentpapier wird normalerweise dafür genutzt, eine Zeichnung auf einen anderen Grund durchzupausen. Sie können aber auch darauf zeichnen und ein Bild schichtweise aufbauen, um eine atmosphärische Perspektive zu erzeugen.

Zu Brooks Shane Salzwedels Technik gehören eine durchsichtige Plastikfolie und Kunstharz, um eine düstere, geheimnisvolle Stimmung zu erzeugen, in der Wald und Berge in der Ferne zu verschwinden scheinen. Der verwendete, transparente Zeichengrund ist Mylar bzw. Dura-Lar, das ursprünglich zur Entschärfung von Licht in Film und Fotografie benutzt wurde.

Sie können diesen Effekt auch durch das Aufschichten eines halbtransparenten Papiers, z. B. Pauspapier, erzielen. Je mehr Schichten Sie hinzufügen, desto blasser wird die Zeichnung ganz unten, desto unschärfer werden Details und Farben. So entsteht eine Tiefenillusion, die ideal für Landschaften ist.

SELBST AUSPROBIEREN

1. Drei gleich große Stücke Pauspapier ausschneiden und auf einem Stück Papier oder Karton mit einem Streifen Kreppband oben befestigen; das hilft beim Ausrichten der Zeichnungen, während Sie arbeiten. Auf dem untersten Stück Pauspapier mit Blei- oder Buntstiften eine entfernt liegende Szene zeichnen.

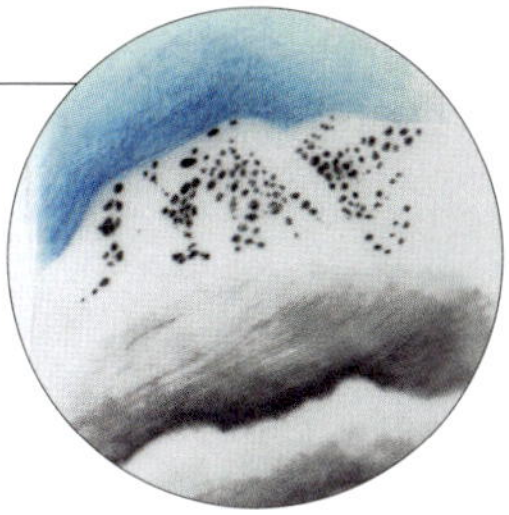

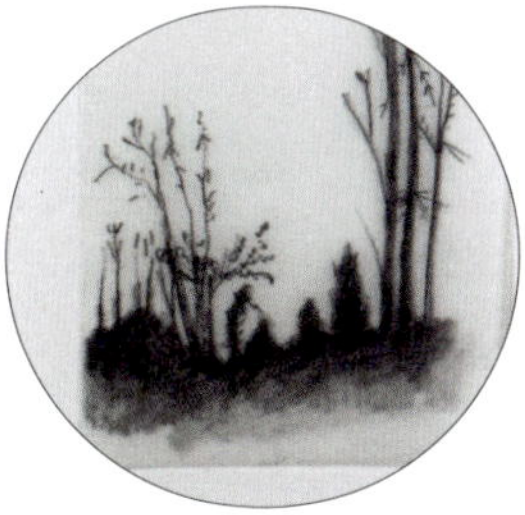

2. Auf das in der Mitte liegende Transparentpapier den Mittelgrund der Szene zeichnen.

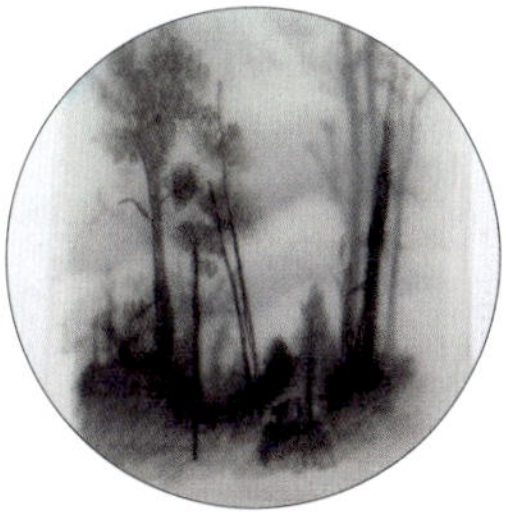

3. Auf dem oberen Stück Pauspapier die Details des Vordergrunds einzeichnen. Um eine neblige Stimmung zu schaffen, das Grafit verwischen.

GETÖNTES PAPIER

Gegenüberliegende Seite: Leo Macdonald Oulds, *Rabat Medina*, Filzstift und Buntstift auf Papier, 2019

Getöntes Papier eignet sich für alle Zeichnungen, für Landschaften und Porträts. Auf den Hintergrund lassen sich Lichter und Schatten auftragen, und es ist ideal für schnelle Skizzen, da man nicht für alle Mitteltöne sorgen muss. Getöntes Papier sollte ein neutrales Grau oder Gelbbraun haben, das den anderen Farben Ihrer Zeichnung nicht die Show stiehlt.

Leo Macdonald Oulds hält in dieser lebendigen Skizze eines marokkanischen Suqs die Stimmung und das Treiben auf dem Markt mit nur wenigen, mit Buntstiften gezeichneten Partien fest. Schnell gesetzte Striche, die Details und Figuren andeuten, werden durch schwerere Abschattungen ausgeglichen. Der weiße Buntstift, mit dem die hellen Stellen und der Baldachin dargestellt sind, hebt sich sachte von dem mittleren Ton des neutralen Papiers ab, um Licht zu suggerieren. Die Muster der Marktstände werden durch Striche und Farben hervorgehoben, die Textur und Rhythmus der Szene unterstreichen.

SELBST AUSPROBIEREN

Papier in der passenden Farbe zum Motiv wählen

Gelbe oder braune Farben verleihen Ihrer Zeichnung Wärme, die gut zu Hauttönen passt. Blaue und violette Farben wirken kühler und sind eher für Landschaften oder Stadtansichten geeignet.

Versuchen Sie es mal mit Karton

Wenn Sie kein Papier mit mittlerem Tonwert wie Bastel- oder Pastellpapier haben, versuchen Sie es mit der Innenseite einer Müslipackung oder glattem Verpackungskarton. Bei der Verwendung dickerer Wellpappe sollte Ihnen klar sein, dass die gewellten Linien in Ihrer Zeichnung durchscheinen. Denken Sie daran, dass sich die Farbe des Papiers auf die Farbe des Stifts auswirkt wie in Lucia Vintis Zeichnung (S. 104).

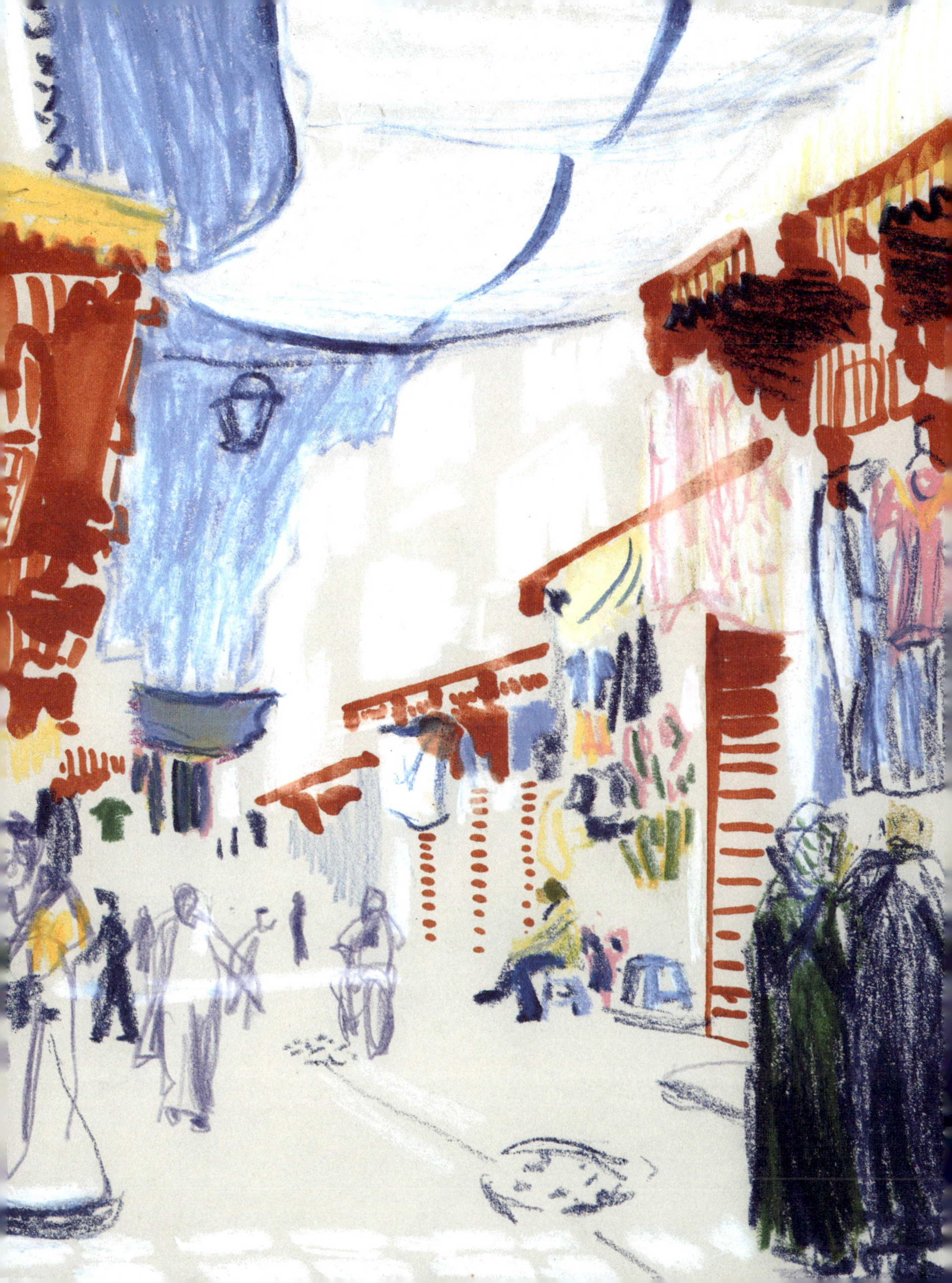

TONALE HINTERGRUNDLAVIERUNG

Zeichnet man auf einem lavierten Grund, wirken wie bei getöntem Papier alle Farben harmonisch, da sie von den Grundtönen der Lavierung beeinflusst werden. Sie können mit Aquarellstiften eine farbige Lavierung anfertigen (siehe S. 91) - oder Sie experimentieren mit den Brauntönen, die Tee, Kaffee oder gar ein Brühwürfel liefern. Eine solche Lavierung hat zwar nicht die einheitliche Farbe eines getönten Papiers, aber das kann sehr spannend sein, da Sie mehrere unterschiedliche Tonwerte erhalten. Die Farben dürfen beim Trocknen ineinander verlaufen.

Wenn Sie, wie Scott Altmann hier, Ihre eigene Lavierung anfertigen, verleiht dies Ihrem Hintergrund Struktur und Tonwertvariationen, wodurch Komplexität und Aussagekraft Ihrer Zeichnungen verstärkt werden.

SELBST AUSPROBIEREN

1. Eine Lavierung mithilfe eines Teebeutels ist eine der einfachsten Methoden, um einen tonalen Hintergrund anzulegen. Drücken Sie zunächst einen nassen Teebeutel über ein Blatt Papier aus.

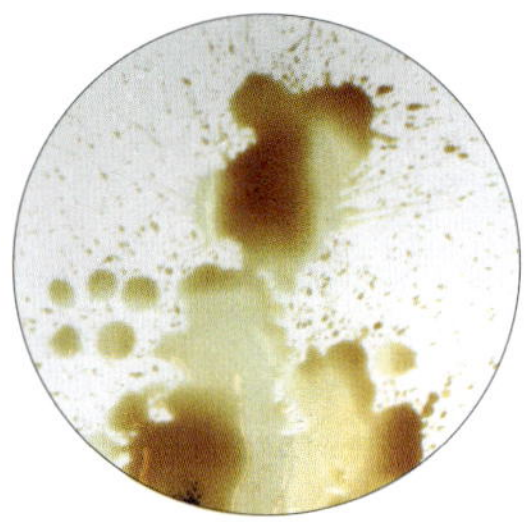

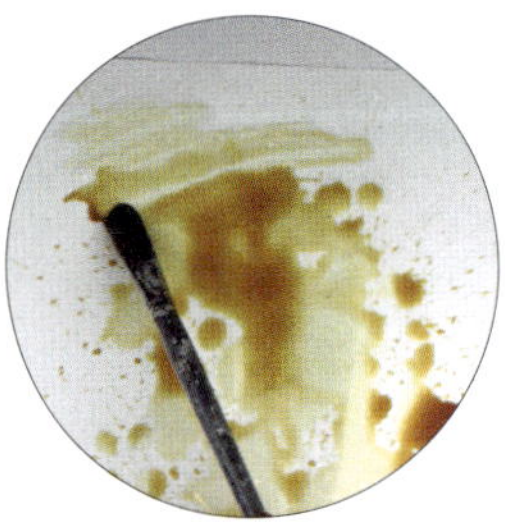

2. Dann verteilen Sie den Tee mit einem Pinsel auf dem Blatt. Der Tee darf sich ruhig sammeln, sodass er ungleichmäßig trocknet.

3. Sobald der Tee getrocknet ist, können Sie darauf malen.

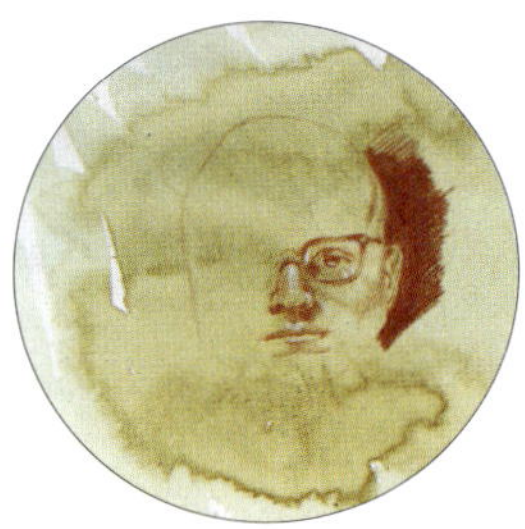

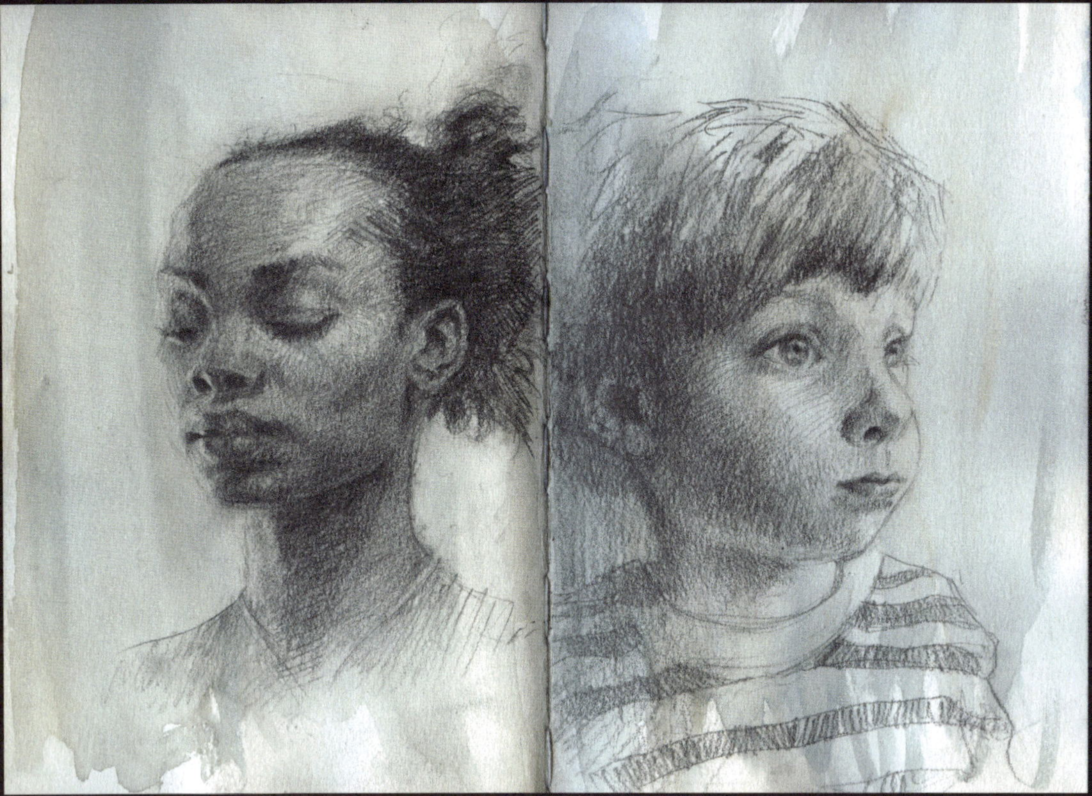

Scott Altmann, *Jade & Dylan*, Bleistift und Aquarellfarbe auf Papier, 2015

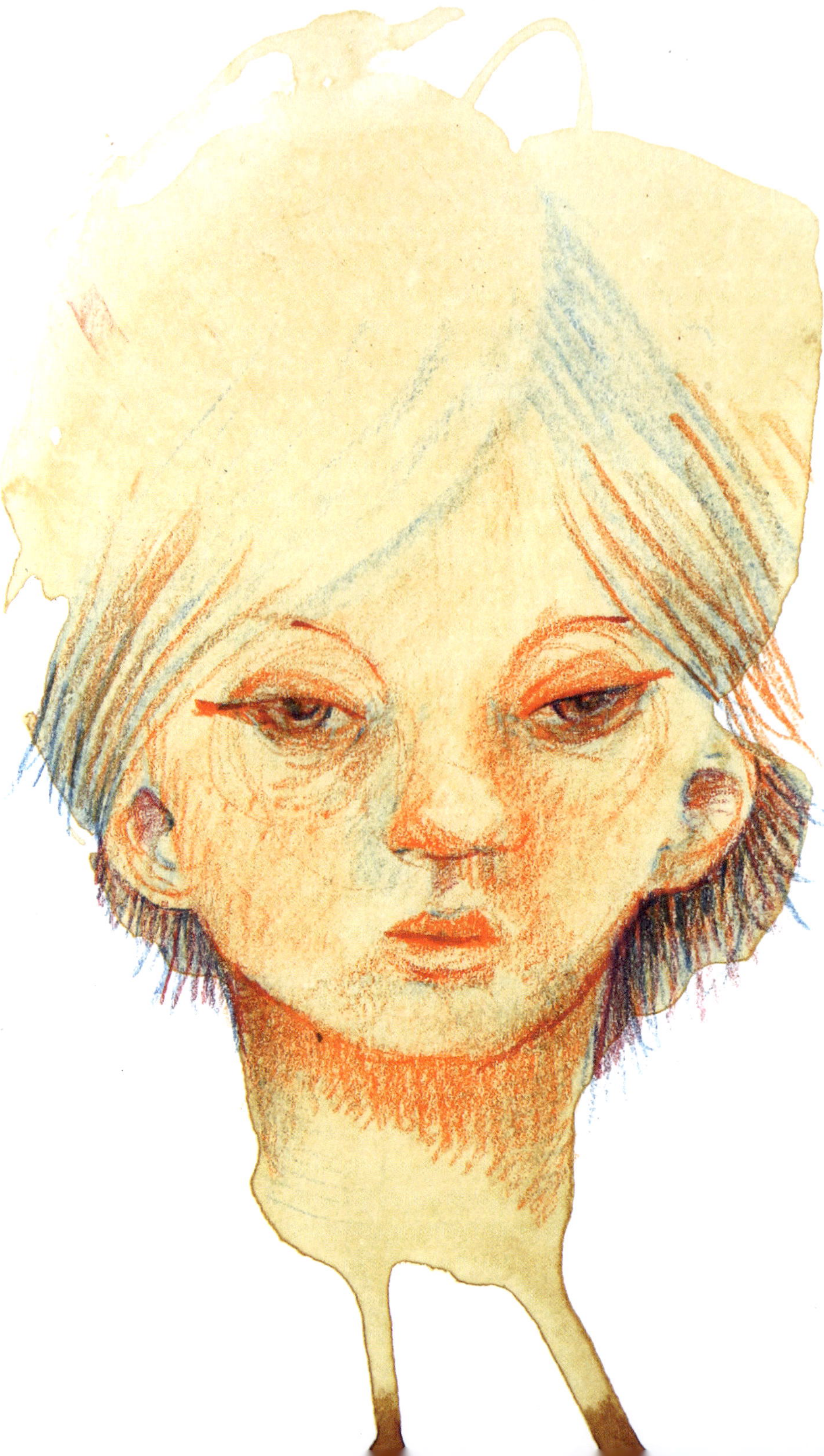

INSPIRATION DURCH TEEFLECKEN

Gegenüberliegende Seite: Eve Blackwood, *Tea Lady*, Tee und Buntstift auf Papier, 2021

Um eine Hintergrundlavierung zu erzeugen (siehe S. 110), lassen Sie einen nassen Teebeutel auf ein Blatt Papier fallen. Aber bevor Sie den Tee verteilen, schauen Sie sich die durch die Spritzer entstandenen Formen einmal an: Vielleicht lassen sich daraus eine Figur oder eine Szene gestalten. Hier sehen Sie, dass ein Teespritzer die Inspiration für diese Zeichnung war.

SELBST AUSPROBIEREN

1. Lassen Sie einen nassen Teebeutel auf ein Blatt Papier fallen.

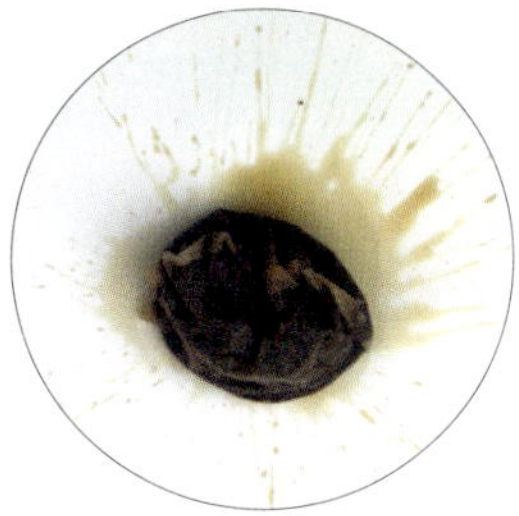

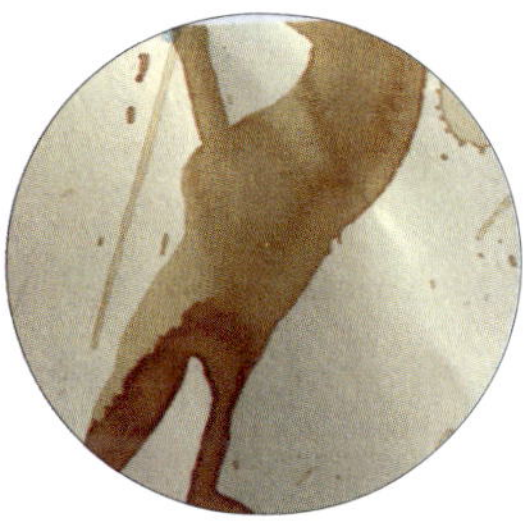

2. Heben Sie das Blatt an, damit der Tee verläuft und interessante Formen entstehen.

3. Lassen Sie das Ganze trocknen. Dann zeichnen Sie mit Buntstiften eine Figur oder ein Gesicht in den Tee ein. Auf diese Weise ließe sich eine ganze Reihe von Gestalten kreieren.

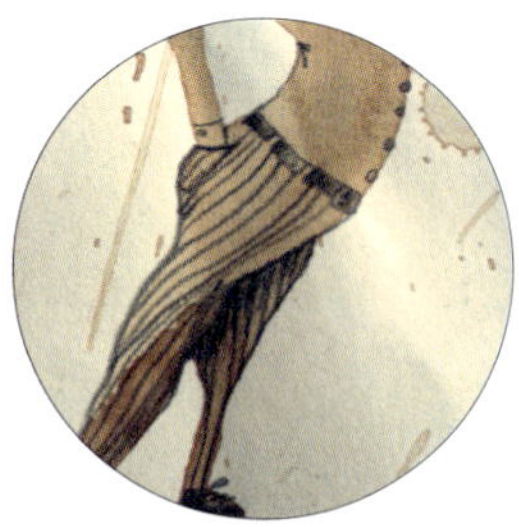

DAS SKIZZENBUCH ALS PRIVATER ORT

Ein Skizzenbuch kann ein beliebiges Buch oder eine Ansammlung von Blättern sein, auf die Sie zeichnen. Egal, welche Größe oder Form Ihr Skizzenbuch auch hat - es ist ein Privatbereich, der keinen Anspruch auf Perfektion erhebt. Es ist kein fertiges Kunstwerk, sondern zum Experimentieren, Austüfteln und vor allem Spielen gedacht! Es gibt verschiedene Skizzenbücher. Einige haben eine Spiral-, andere eine Leinenbindung; manche bestehen aus schwererem Papier, manche aus Papier, das für Aquarell- oder Pastellfarben geeignet ist. Die Größe hängt davon ab, wofür Sie das Buch verwenden wollen. Ein kleineres eignet sich, um im Freien zu zeichnen. Für größere, durchdachte Zeichnungen ist ein größerer Block mit robusterem Papier vielleicht passender. Sie können auch Ihr eigenes Skizzenbuch anlegen, indem Sie verschiedene Blätter an einem Klemmbrett oder mit einem Briefklemmer an einem Stück steifen Karton befestigen.

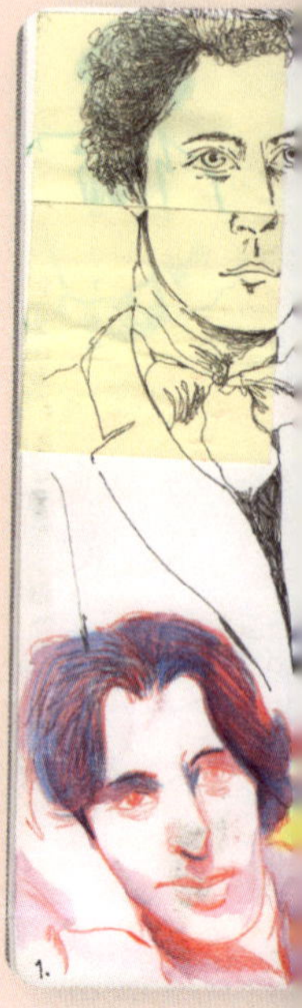

Spiralbindung

Seiten werden durch eine Drahtspirale zusammengehalten; meist Hardcover.

Vorteil: Lässt sich flach auf- und umschlagen, sodass man im Stehen oder Gehen die Hand darauf abstützen kann.
Nachteil: Die Drahtbindung verhindert die Bearbeitung der gesamten Doppelseite.

Klebebindung

Seiten werden in Blocks geheftet oder genäht und zusammengeklebt; als Hard-oder Softcover erhältlich.

Vorteil: Die gesamte Doppelseite lässt sich leichter bearbeiten.
Nachteil: Beim Zeichnen im Freien umständlicher zu handhaben. Klappt das Skizzenbuch nicht flach auf, ist es mitunter schwierig, nahe der Falz zu arbeiten.

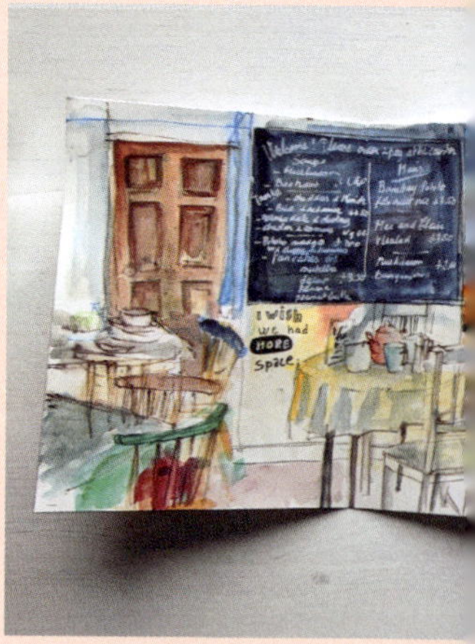

Eigenproduktion

Kann auf verschiedene Arten hergestellt werden; am besten mit einer harten Unterlage zum Abstützen der Hand.

Vorteil: Beliebige Größe, Dicke und Papierart je nach Wunsch.
Nachteil: Zeichnungen können leichter verloren gehen.

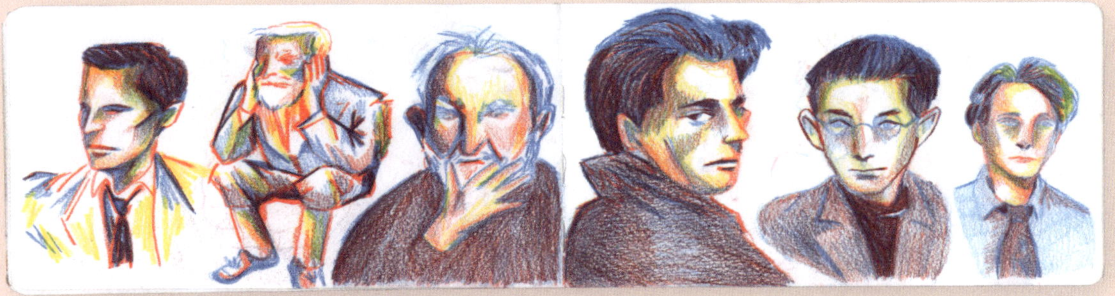

Links, oben und unten: Asimina Hollingworth

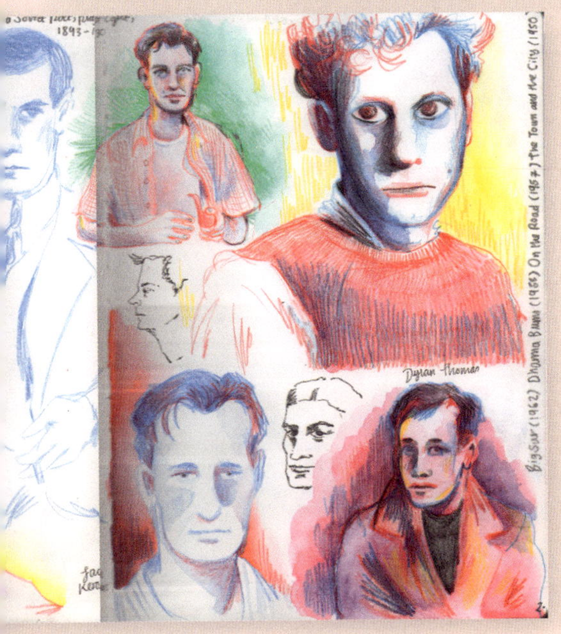

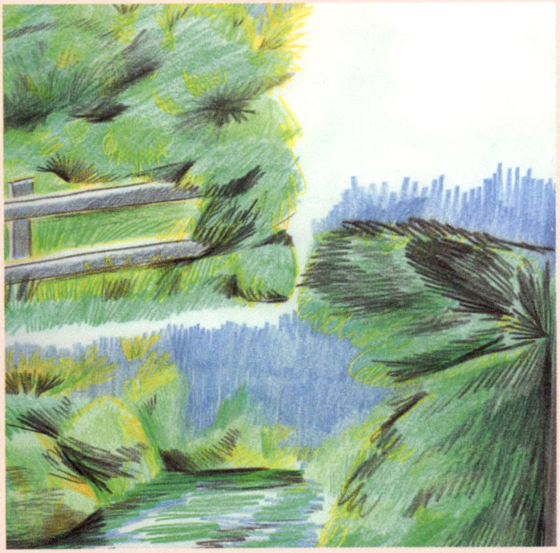

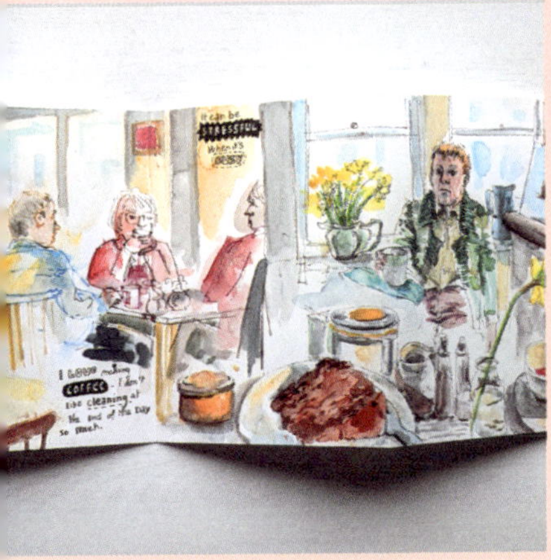

Oben und rechts: Sophie Peanut

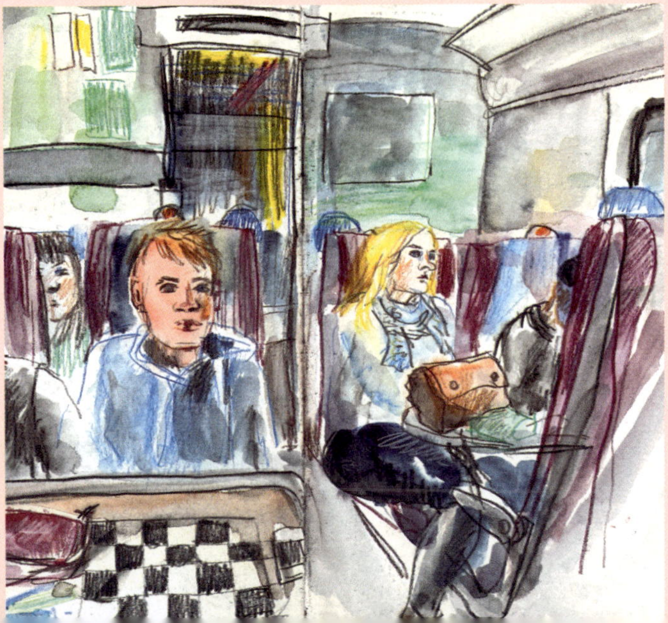

SKIZZENBUCH (FORTSETZUNG)

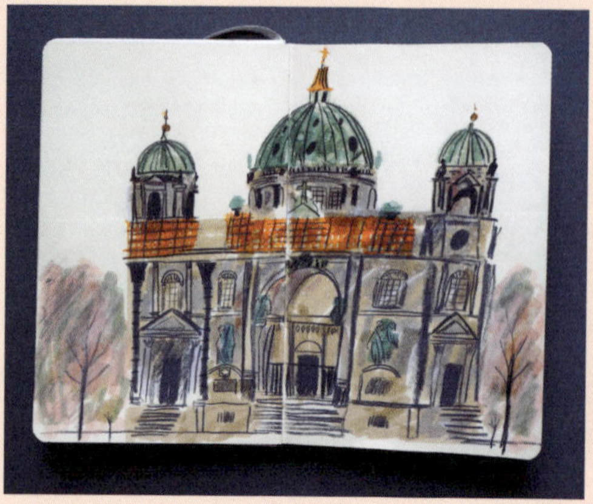

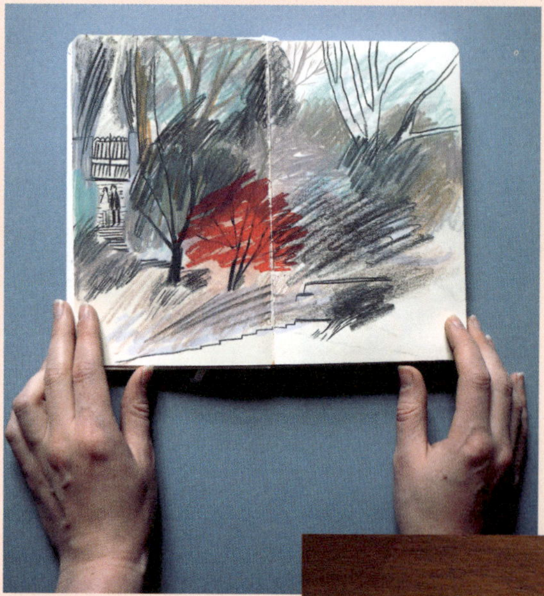

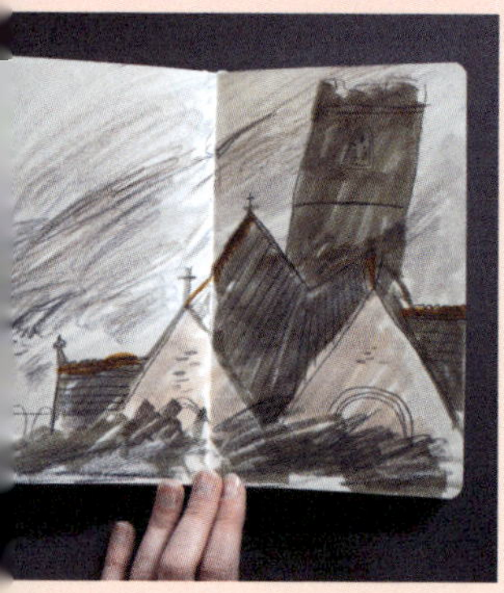

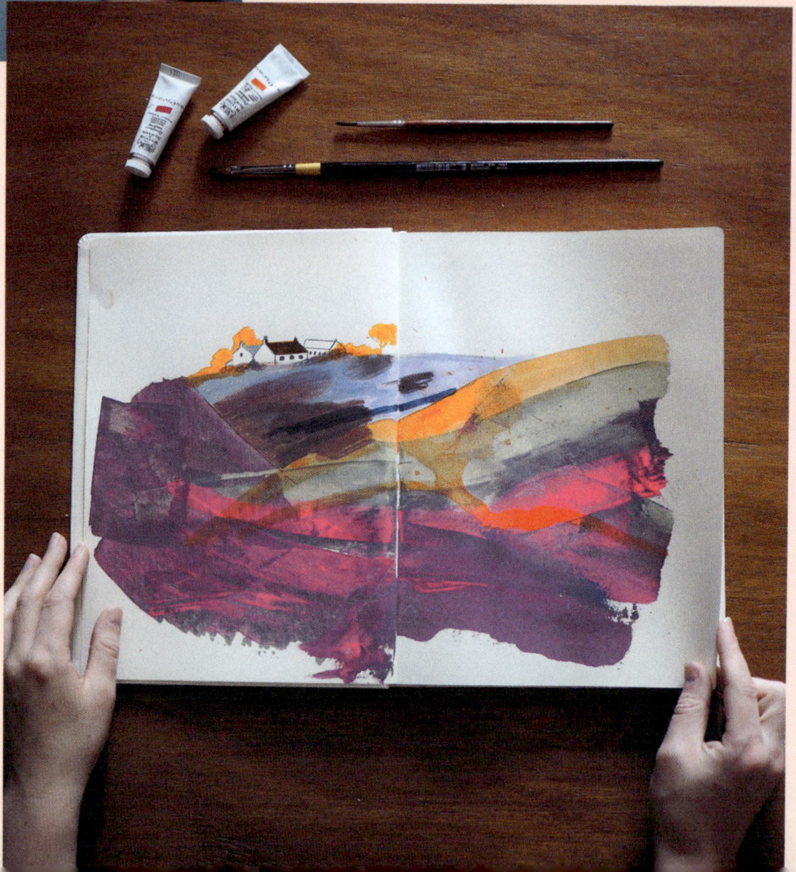

Alle Zeichnungen
auf dieser Seite:
Emma Carlisle

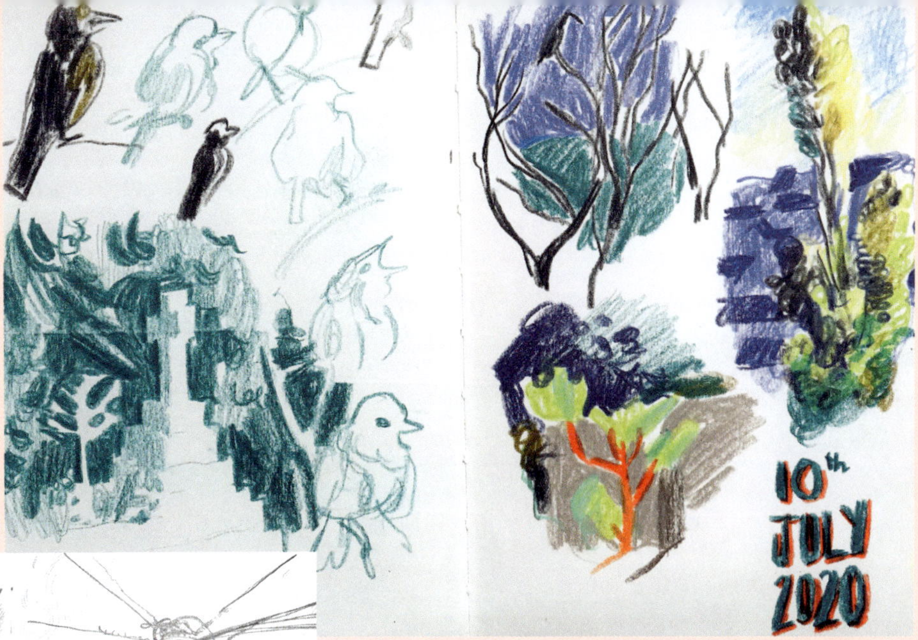

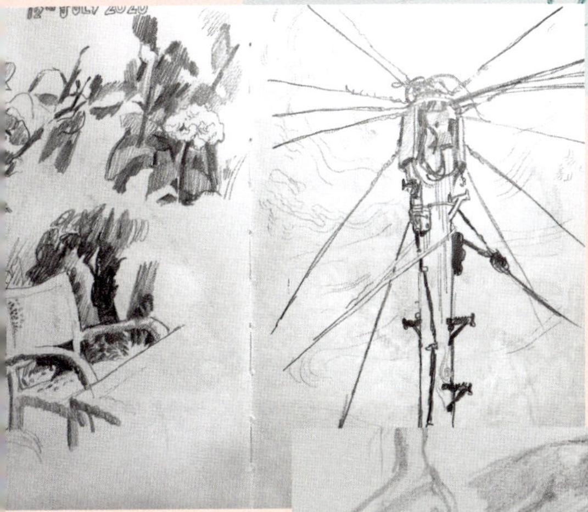

Oben: Lily Vie

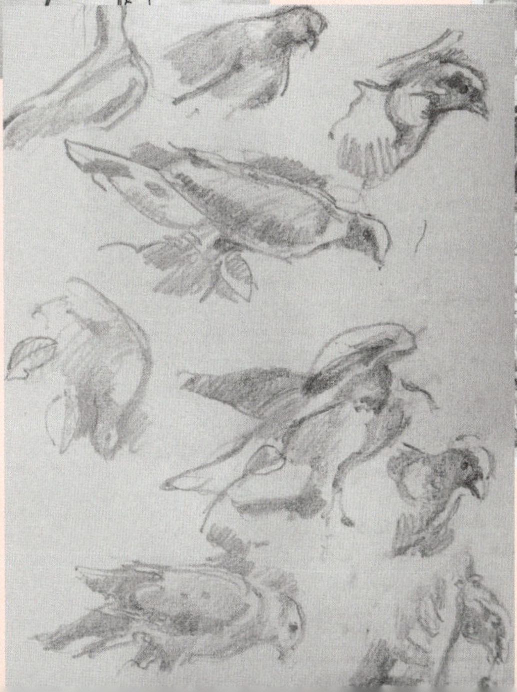

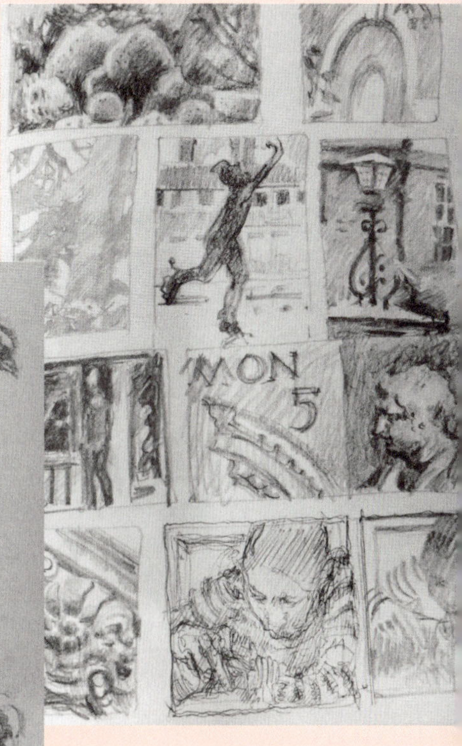

Brenda Holtam

TUNEN SIE IHR SKIZZENBUCH

Neue Skizzenbücher mit ihren vielen leeren Seiten wirken bisweilen entmutigend. Es ist daher ratsam, einige Seiten im Vorfeld zu lavieren, sodass Sie nicht immer auf einer weißen Seite beginnen, und Sie müssen dann auch keine Wasserfarben mitnehmen. Kleben Sie auch interessante Zeitungsausschnitte, Etiketten, Briefmarken und dergleichen als Inspirationsquelle auf andere Seiten. Sie müssen auch nicht mit der ersten Seite des Buches beginnen und es beharrlich durcharbeiten, sondern können die Seiten beliebig wechseln oder das Skizzenbuch umdrehen und von hinten nach vorne arbeiten.

SELBST AUSPROBIEREN

Beliebige Seiten lavieren
Hintergrundlavierungen mit Aquarellstiften in verschiedenen Farben oder mit anderen Mitteln wie Tee anfertigen (siehe S. 82 und 110).

Bilder aus Zeitungen und Zeitschriften einkleben
Mit Collagen experimentieren, um verschiedene Hintergründe zu schaffen oder Ihrem Skizzenbuch kräftige Farbflächen hinzuzufügen (siehe S. 102–105).

Seiten bespritzen und beklecksen
Etwas Farbe verspritzen und Flecken eines Teebeutels auf einigen Seiten hinterlassen, um Formen zu kreieren, die Sie später ausarbeiten können (siehe S. 112).

Verschiedene Zeichengründe hinzufügen
Diverse Papiersorten ins Skizzenbuch kleben, z. B. Pauspapier (siehe S. 107) oder getöntes Papier (siehe S. 108).

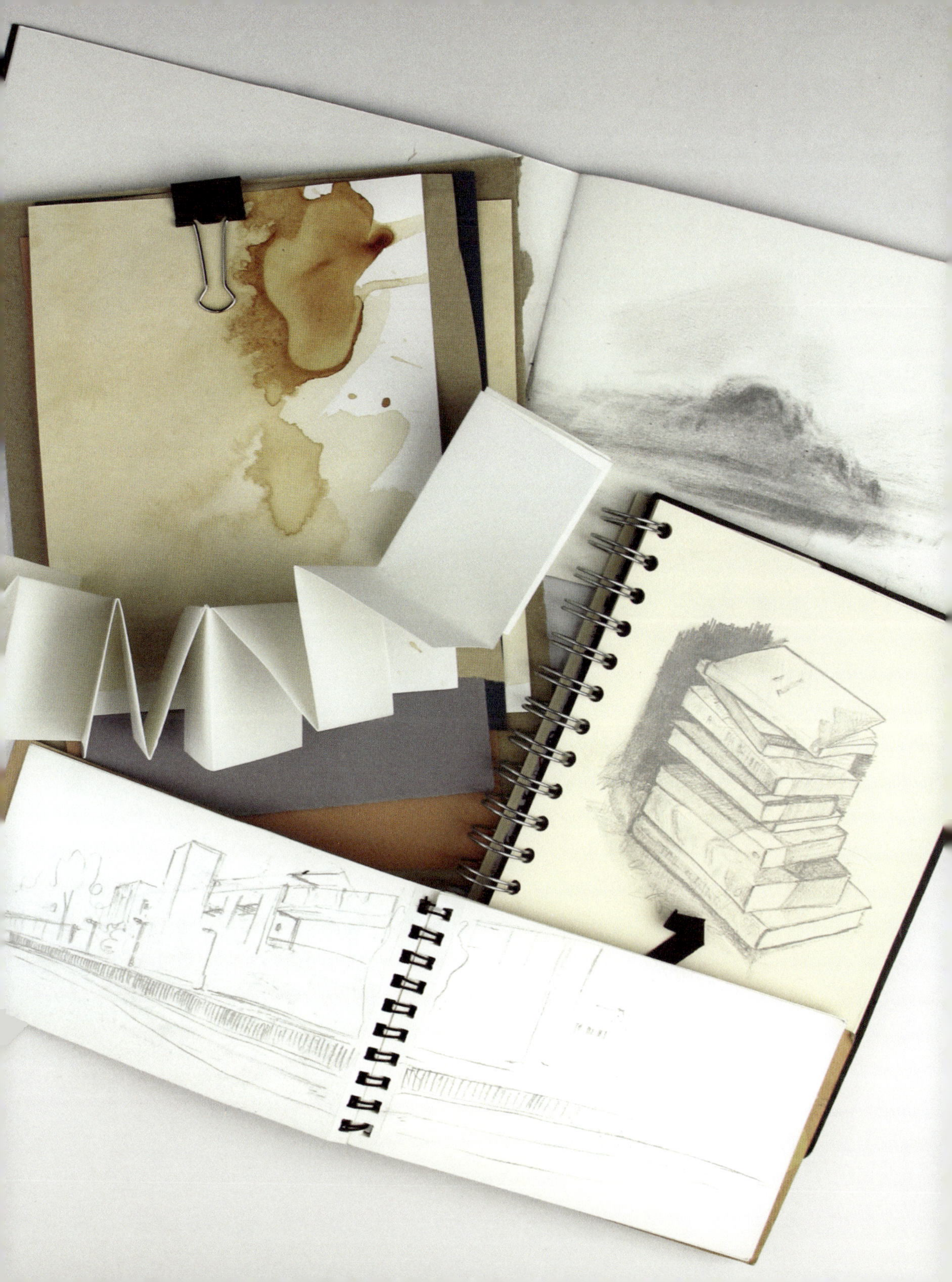

DIE KÜNSTLERINNEN UND KÜNSTLER

Alex Nicholson
www.alexnicholson.uk
Alex Nicholson ist ein Illustrator aus London. Er studierte an der Norwich University of the Arts. Sein Interesse gilt u. a. der Schilderung von Politik und Zeitgeschehen, wobei er die Zeichnung als journalistisches Instrument nutzt. Er ist Mitglied der Bildungsstiftung Topolski Studio Residency, die junge Künstler darin ausbildet, mithilfe von Zeichnungen Berichterstattung über die Welt zu leisten. Seine Zeichnungen und Drucke wurden in Großbritannien, Spanien und Südkorea ausgestellt.

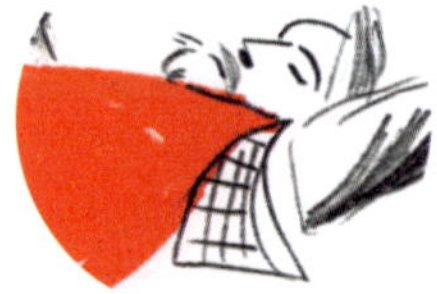

Andrea Serio
andreaserio.net
Andrea Serios Kunstwerke entstehen von Hand, meist mit Ölkreiden, Wachsmalstiften und Buntstiften. Er hat Kinderbücher, Graphic Novels und Plakate illustriert sowie Cover für Romane, Zeitschriften und Schallplatten gestaltet. Seine Zeichnungen wurden auf nationalen und internationalen Veranstaltungen ausgestellt. Er lässt sich von der Natur inspirieren, insbesondere von der veränderlichen und nicht zu beschreibenden Beziehung zwischen Licht und Schatten, die er auf Papier zu übertragen versucht.

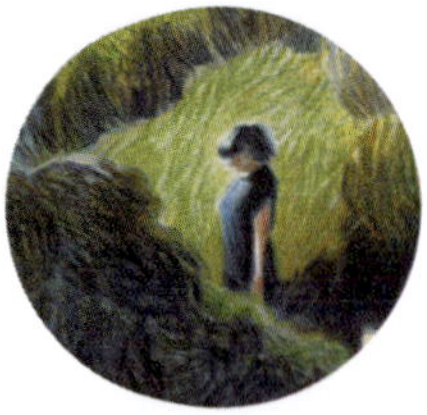

Asimina Hollingworth
@asimina_hollingworth
Asimina Hollingworth experimentiert mit herkömmlichen und digitalen Mitteln. Sie arbeitet mit klaren Linien und Formen, um skurrile und witzige Bilder zu schaffen. Ihr künstlerisches Werk leitet sich von Comic-Kunst und Kinderbuchillustrationen ab. In ihren Bildern beschwört sie eine Atmosphäre herauf, die sich zwischen dem Komödienhaften und dem Verspielten bewegt, indem sie Formen und Gesichtsausdrücke überzeichnet.

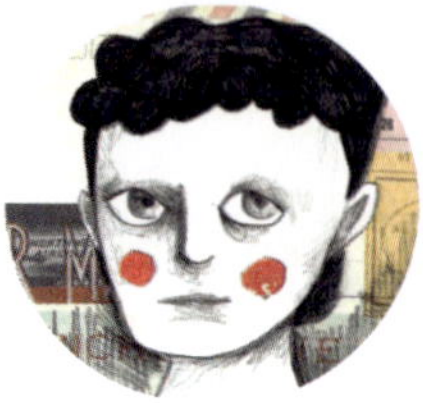

Brenda Holtam
www.brendaholtam.com
Brenda Holtam ist Lehrerin und hat sich der figürlichen Malerei verschrieben. Sie arbeitet mit Öl- und Aquarellfarben, Gouachen und einer breiten Palette zeichnerischer Mittel. Brenda absolvierte ihren Abschluss an der Falmouth School of Art und den Royal Academy Schools und wurde zum Mitglied der Royal Watercolour Society gewählt. Ihre künstlerische Arbeit fußt auf ihrem Zeichentalent und ihrer Faszination für Farbharmonien.

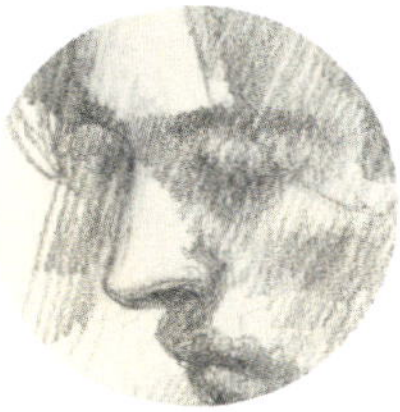

Brooks Shane Salzwedel
www.brookssalzwedel.com
Brooks Shane Salzwedel schloss sein Studium am Art Center College of Design in Pasadena, Kalifornien, im Jahr 2004 ab. Seitdem hat er in Galerien und Museen weltweit ausgestellt und war Artist in Residence im Denali-Nationalpark und in Aspen. In jüngster Zeit lag der Schwerpunkt seiner in Mischtechnik angefertigten Arbeiten sowohl auf der natürlichen als auch auf der vom Menschen geschaffenen Bilderwelt, die in den öffentlichen Parks von Los Angeles zu sehen ist.

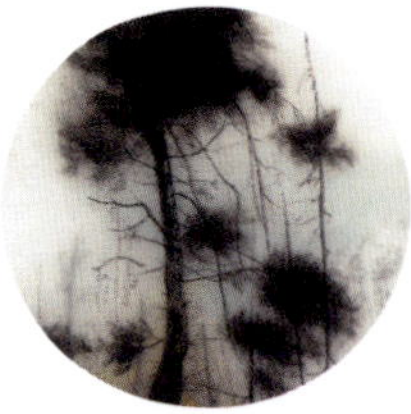

Claire Drury
@clairedruryart
Die Textilkünstlerin, Keramikerin und Kunstlehrerin Claire Drury versucht, jeden Tag kreativ zu gestalten. Sie sammelt kleine Kostbarkeiten - Federn, alte Landkarten, Fossilien, Tonscherben - und arbeitet insbesondere mit weggeworfenen oder unbeachteten Gegenständen. Dies spiegelt sich in ihren Bildern mit Fundstücken, in den Quilts aus Kleidungsstücken und in den Keramiken mit aufgedrucktem Oberflächendesign wider.

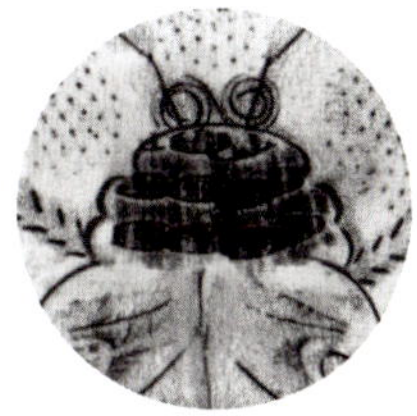

Emma Carlisle
www.emmacarlisle.com
Emma Carlisle ist Künstlerin und Dozentin in Plymouth, Großbritannien. In ihrer künstlerischen Arbeit beschäftigt sie sich hauptsächlich mit den Landschaften Devons und Cornwalls, in starken Farben und expressiven Linien mit Bleistift, Buntstift, Gouache und Acryl. Emma fertigt in Skizzenbüchern Zeichnungen vor Ort an, die sie in ihrem Atelier zu großen abstrakten Leinwandbildern ausarbeitet.

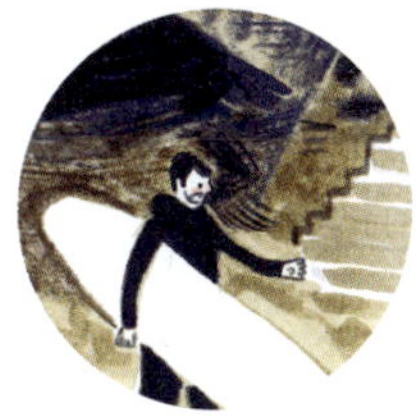

Endre Penovác
penovacendre.com
Endre Penovác wurde 1956 in Serbien geboren und absolvierte seine Ausbildung an der Akademie der Künste an der Universität von Novi Sad. Als freier Künstler stellt er seine Werke seit fast vier Jahrzehnten in ganz Europa aus. Seine Gemälde sind von der Welt inspiriert, wie sie sich ihm unmittelbar präsentiert.

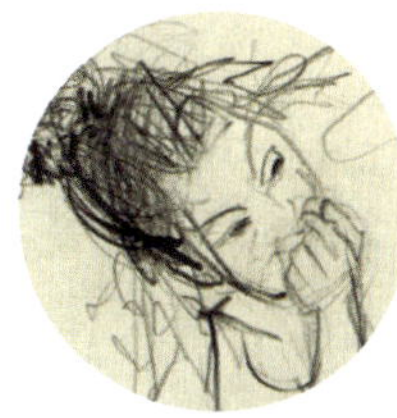

Jane Fisher
www.janefisherbotanicalart.com
Botanische Kunst ist die perfekte Schnittstelle zwischen Jane Fishers lebenslangem Interesse an Wissenschaft und Kunst. Wenngleich das meiste ihrer Kunst in Aquarell ausgeführt wird, entdeckte sie in ihrem ersten Zeichenkurs ihre Vorliebe für Bleistifte. Janes Werk wurde in der Royal Horticultural Society in Großbritannien ausgestellt und befindet sich in der ständigen Sammlung des Hunt Institute for Botanical Documentation in Pittsburgh, Pennsylvania.

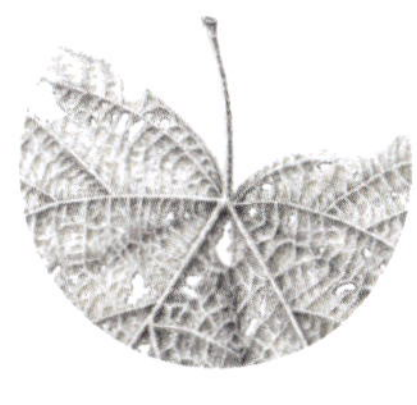

Jonathan Farr
jonathanfarr.com
Jonathan Farr studierte Bildhauerei an der Slade School of Fine Art in London, arbeitet seit seinem Abschluss jedoch hauptsächlich als Zeichner. Er illustriert Kinderbücher, fertigt Gemälde nach Zeichnungen an und zeichnet das, was sich seinen Augen darbietet. Sein Thema ist der dreidimensionale Raum mitsamt der Stimmung, den Figuren und dem Licht, die ihn bevölkern.

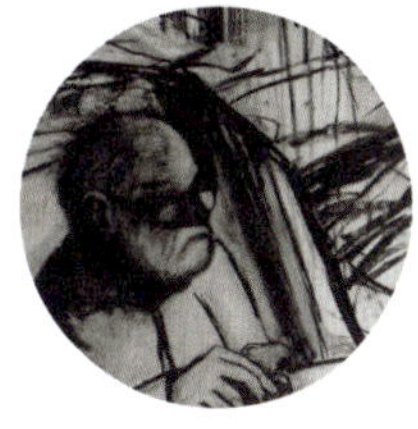

Leo Macdonald Oulds

Leo Macdonald Oulds schloss sein Studium an der Londoner Royal Drawing School im Jahr 2021 ab. Er erkundet mit seinen zeichnerischen Beobachtungsstudien die Wahrnehmung von Orten und Menschen und das dazugehörige Feeling. Mit Grafiken und Zeichnungen versucht er, gleichzeitig die physische Präsenz und die Beziehung zwischen Künstler und Dargestelltem heraufzubeschwören.

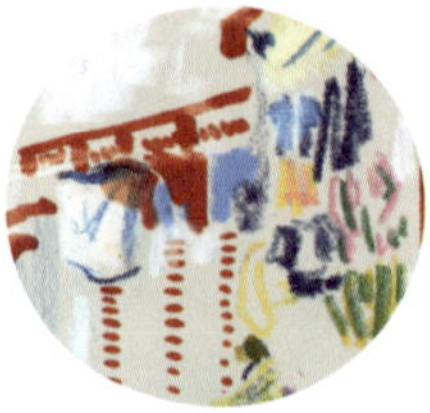

Lily Vie

www.lilyvie.com

Lily Vie ist eine Illustratorin und Comiczeichnerin, die derzeit in London lebt. Mit einer Kombination aus digitalen und traditionellen Mitteln, hauptsächlich Aquarell und Gouache, erforscht sie in ihren Arbeiten die Fantasie und das Surreale, aber auch das Vertraute und das Tröstliche. Sie lässt sich von der Natur, dem Ornamentdesign, der Typografie und von kleinen Tieren inspirieren.

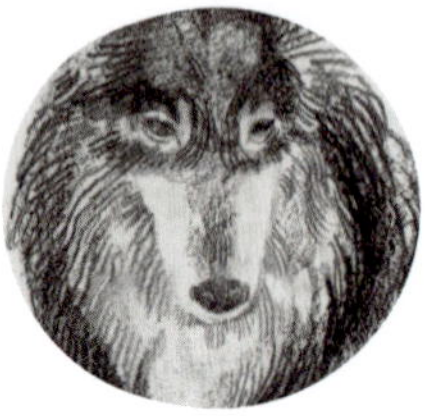

Lucia Vinti

luciavinti.com

Lucia Vinti ist eine in London lebende Illustratorin. In ihrem Werk befasst sie sich mit Menschen, Orten, Kulinarischem und Kultur, wobei sie sich von der sie umgebenden Welt inspirieren lässt. Sie arbeitet mit Bleistift, Feder, Collage und Farbe und schafft fröhliche und farbenfrohe Darstellungen. Lucia hofft, die Menschen anspornen zu können, die Welt auf eine neue und aufregende Weise zu sehen. Zu ihren bisherigen Kunden zählen die Tate Britain, der NHS und The Modern House.

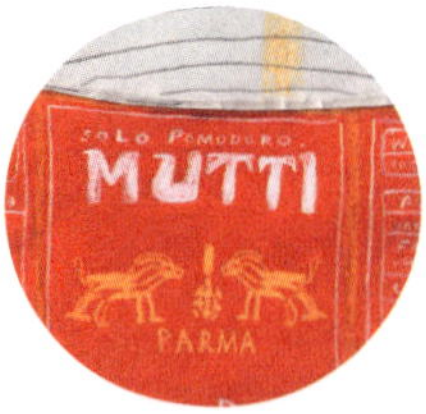

Lui Ferreyra

www.luiferreyra.com

Lui Ferreyra, geboren in Mexiko, lebt in Denver, Colorado. Seine Zeichnungen und Gemälde zeigen hauptsächlich Landschaften und menschliche Figuren, gestaltet in seinem typischen Stil, der die Dekonstruktion der visuellen Erfahrung und deren Wiederherstellung betont. Seine Arbeiten wurden in Publikationen wie *New American Paintings*, *Wired*, *Fast Company*, *Forbes* und *HuffPost* abgebildet.

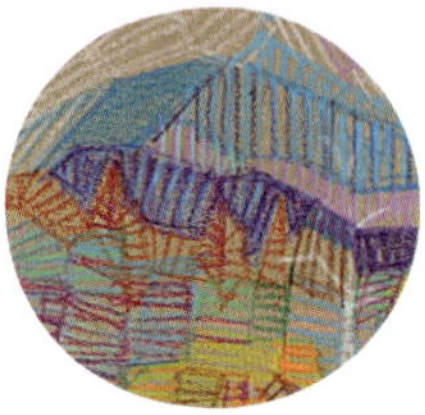

Marcus James

www.marcusjames.co.uk

Marcus James' Arbeit zielt darauf ab, einen Steuerungsprozess innerhalb einer neuen Bildsprache aufzuzeigen, um die Zusammenhänge zwischen der Landschaft in der Kunst und unserer Beziehung zur Natur neu zu bewerten. Dafür bedient er sich eines Systems von rhythmischen, stilistischen Strichen, um seinen Landschaften Räumlichkeit zu verleihen. Er kreiert ein zeichnerisch veredeltes Abbild, das den Kampf des Menschen um die Beherrschung der Natur widerspiegelt.

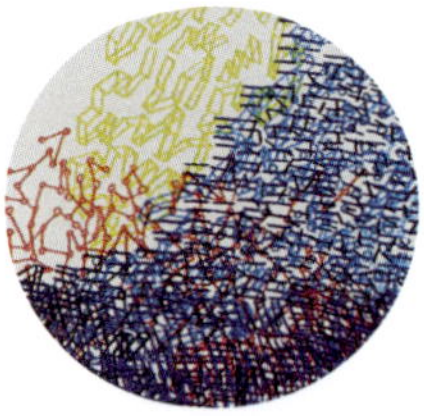

Massimo Rossetti

www.massimorossetti.com

Massimo Rossetti betrachtet Kunst als einen konzeptuellen Zünder, als ein ästhetisches Instrument, das, indem es die Grenzen unserer Wahrnehmung entlarvt, das Handlungsfeld zwischen uns und anderen speist. Das Kunstwerk wird zu einer Gleichung eines subjektiven Ergebnisses, zu einem flexiblen Feld für die Wiedervereinigung von Mensch und Technik. Massimos Werk wurde in Einzel- und Gruppenausstellungen in Europa und den USA ausgestellt.

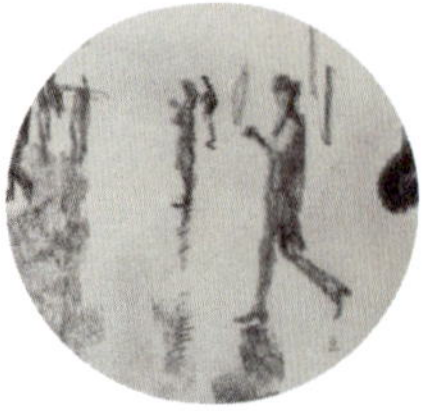

Morten Schelde
www.mortenschelde.com
Morton Schelde beschäftigt sich seit seinem Abschluss an der Königlich Dänischen Kunstakademie in Kopenhagen im Jahr 2001 mit der Kunst des Zeichnens. Seine besondere Vorliebe gilt großen Zeichnungen, in denen er Räume entwickelt, die traumartige Szenarien bilden. Obwohl seine Zeichnungen oft sehr detailliert sind, plant er nie zu viel im Voraus, sondern zieht es vor, sein Werk möglichst spontan und direkt zu gestalten.

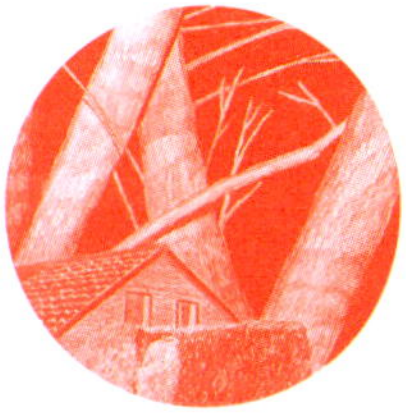

Peony Gent
www.peonygent.com
Peony Gent ist eine in London lebende Illustratorin, Comiczeichnerin und Dichterin. Ihre künstlerische Arbeit basiert darauf, zu experimentieren und zeichnerische Beobachtungsstudien anzufertigen. Hierbei geht sie mit einer schnellen und lockeren Hand vor, um das Wesentliche eines Sujets einzufangen. Ihre Kunst versucht, die Reinheit und Freude an alltäglichen Dingen und Erfahrungen zu zelebrieren, sowohl durch Erzählkunst als auch durch eine stilisierte Formenverehrung.

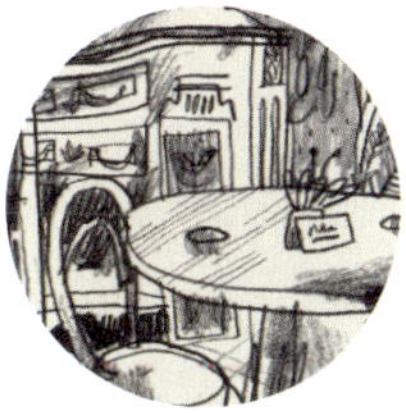

Rachel Mercer
www.rachelmercerartist.com
Rachel Mercer studierte an der Royal Drawing School und ist seit ihrem Abschluss im Jahr 2013 als Künstlerin und Kunsterzieherin in London tätig. Sie malt hauptsächlich in Öl, gleichwohl sind zeichnerische Beobachtungsskizzen ein wesentlicher Bestandteil ihrer Arbeit im Atelier. Ihre Gemälde sind weitgehend autobiografisch. Sie stellte ihre Werke 2018 in China aus und nimmt regelmäßig an Ausstellungen in London teil.

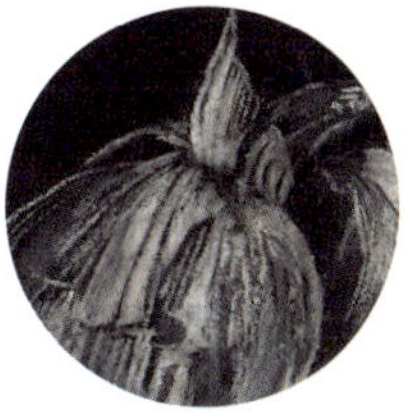

Scott Altmann
scottaltmannart.com
Scott Altmann ist seit mehr als 15 Jahren als Illustrator tätig. Zu seinen Kunden gehören Verlage wie HarperCollins, Random House und Penguin Books sowie Firstborn, Blizzard Entertainment und Gates Co. Er konzentriert sich mit neuen Vorsätzen und Visionen auf seine persönlichen Bilder, wobei er nach klaren Momenten in den diffusen Übergängen des Seins sucht.

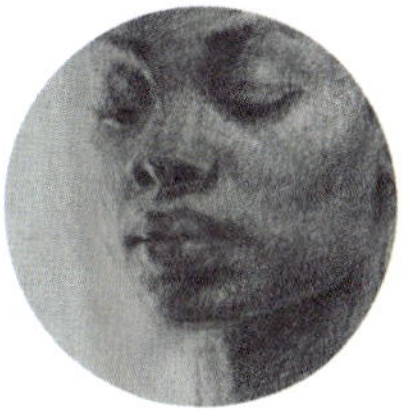

Sophie Peanut
sophiepeanut.com
Sophie Peanut ist eine Künstlerin, Illustratorin und Kunstlehrerin, die mit mehreren künstlerischen Mitteln arbeitet, u. a. mit Bleistift, Aquarellfarbe, Fineliner sowie digitalen Medien. Sie zeichnet gerne schnell, oft nach dem Leben, und hält flüchtige Eindrücke, Gefühle und bestimmte Momente in der Zeit fest. Ihre Zeichnungen und Illustrationen weisen ein starkes erzählerisches Element auf und enthalten oft Beschriftungen von Hand.

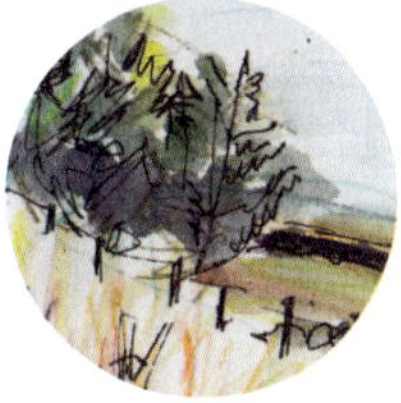

Wilfrid Wood
@wilfridwoodsculptor
Wilfrid Wood begann seine Arbeit bei der satirischen TV-Puppenshow *Spitting Image*. Heute zeichnet und modelliert er Bildnisse von Freunden, Promis, Haustieren und kuriosen Dingen.

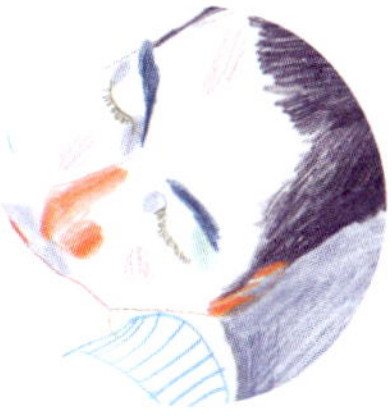

GLOSSAR

Abstufung Der sanfte Übergang eines dunklen Tonwertes zu einem helleren oder umgekehrt.

Aquarellpapier Dickeres, schwereres Papier, das sich nicht wölbt, wenn es mit Wasser befeuchtet und laviert wird; kann eine glatte oder raue Textur haben.

Atmosphärische Perspektive Ein visuelles Phänomen, bei dem weiter entfernte Objekte aufgrund der Luftdichte zwischen dem Betrachter und dem Objekt blasser und bläulicher erscheinen („verblauen").

Aufhellung Das Aufhellen eines Tonwerts. Bei Lavierungen mit Aquarellstift wird dies erreicht, indem Teile des Pigments mit einem sauberen, feuchten Pinsel oder einem Papiertuch entfernt werden. Bei Bleistift- oder Kohlezeichnungen gelingt dies mit einem Radiergummi.

Blender-Stift Ein weicher, farbloser Stift, um Bleistiftstriche gleichmäßiger zu machen; glättet sowohl die Spuren von Blei- als auch von Buntstiften.

Collage Ein Bild, kreiert aus Papierstücken, Fotos, Stoff und anderen Drucksachen, die auf einen Untergrund geklebt werden.

Farbpalette Die Auswahl der beim Malen oder Zeichnen benutzen Farben.

Fixativ Ein Aerosol, das auf den Zeichengrund einer fertigen Bleistift- oder Kohlezeichnung gesprüht wird, damit sie nicht verschmiert.

Format Die Form eines Blatt Papiers oder einer Zeichnung. Misst die Höhe mehr als die Breite, ist es ein Hochformat (Porträtformat); ist das Blatt breiter als hoch, ist es ein Querformat (Landschaftsformat).

Frottage Eine grafische Technik, bei der ein Abdruck eines Objekts mithilfe eines Bleistifts auf ein darüber gelegtes Papier übertragen wird.

g/m² Gramm pro Quadratmeter; Maß für das Papiergewicht. Je höher die Maßzahl, desto stärker ist das Papier.

Getöntes Papier Gefärbtes Zeichenpapier; die Farbe des Papiers wirkt sich auf die Farbe des Stifts aus, mit dem man zeichnet.

Grafit Ein graues, glänzendes Mineral, das in Bleistiften verwendet wird. Dem Grafit wird Ton zugesetzt, um es härter zu machen. H-Bleistifte sind tonhaltiger und recht hart; B-Bleistifte enthalten mehr Grafit, das bedeutet, sie zeichnen weicher und daher dunkler.

Komplementärfarben Zwei Farben, die sich im Farbkreis gegenüberliegen; verstärken beide ihre Intensität, wenn sie in einem Bild nebeneinanderliegen.

Körnung Die Rauheit des Papiers. Je rauer die Oberfläche, desto stärker die Körnung.

Lavierung Eine halbtransparente Farbschicht. Bei Lavierungen mit Aquarellstift gilt: Je mehr Wasser dem Pigment zugesetzt wird, desto transparenter wird die Lavierung.

Medium (Pl. Medien) Das von einem Künstler verwendete Material. Bei einer Zeichnung in Mischtechnik werden verschiedene Maltechniken und -materialien angewendet und benutzt.

Monochrome Zeichnung Eine Zeichnung, die aus verschiedenen Tonwerten einer einzelnen Farbe besteht.

Monoprint Eine Form der Drucktechnik, bei der ein Bild nur einmal übertragen wird, im Gegensatz zu den meisten anderen Drucktechniken, bei denen mehrere Übertragungen möglich sind.

Negativraum Der leere oder offene Raum, der ein Objekt umgibt.

Optische Mischung Ein Phänomen, bei dem kleine Striche oder Punkte in zwei verschiedenen Farben sich zu vermischen scheinen, um im Auge des Betrachters eine neue Farbe zu schaffen.

Pauspapier Durchscheinendes Papier, das üblicherweise verwendet wird, um eine Zeichnung von einem Zeichengrund auf einen anderen zu übertragen; kann aber auch zum Zeichnen benutzt werden.

Pigment Die Rohfarbe zur Herstellung von Buntstiften und Farben. Je mehr Pigment, desto kräftiger die Farbe.

Pinselbauch Der Teil hinter der Pinselspitze; dient zur Speicherung der Farbe oder des Wassers.

Schattierung Hinzufügen von Tonwerten zu einer Zeichnung, um Dreidimensionalität zu suggerieren oder um eine bestimmte Atmosphäre oder Stimmung zu erzeugen (gängige Schattierungstechniken sind Schraffuren und Kreuzschraffuren).

Schlaglicht (auch Spitzlicht) Die hellsten Stellen einer Zeichnung, bei denen das Licht auf ein Objekt oder eine Oberfläche trifft oder reflektiert wird.

Tortillon („Papierwischer") Ein eng gerolltes Röhrchen aus Papier mit einer sich verjüngenden Spitze zum Verwischen von Grafit und Kohle, um gleichmäßige Abstufungen zu erzeugen.

Trockenmischung Eine Technik mit Aquarellstiften, wobei zwei oder mehr Farben vermischt werden, bevor Wasser hinzugefügt wird.

REGISTER

BILDNACHWEIS

S. 7, 36, 65, 72, 82, 84, 94, 100, 115 Eve Blackwood;
S. 19, 62 Endre Penovác;
S. 21 Massimo Rossetti;
S. 22, 117 Brenda Holtam;
S. 24, 39, 40, 43, 47, 90 Selwyn Leamy;
S. 26, 54, 99 Rachel Mercer;
S. 29, 33, 78, 117 Lily Vie;
S. 34-35 Peony Gent;
S. 45, 60 Jonathan Farr: Ich danke meinem Vater und meiner Stiefmutter, die mich in ihrem Haus zeichnen ließen. Ebenso danke ich der Residenz Cill Rilaig im County Kerry, Irland; der Royal Drawing School für den Denis-Mahon-Award und der Ausstellung „From Here to There" (2014), zu der auch diese beiden Zeichnungen gehörten.
S. 48 © 2020 Jane Fisher;
S. 51 Claire Drury;
S. 66-67 Alex Nicholson;
S. 68-69 Wilfrid Wood;
S. 70 Morten Schelde/www.mortenschelde.com;
S. 75 Marcus James;
S. 76 © 2017 Andrea Serio, *Promenade Le Corbusier*. Wachsmalstifte und Buntstifte auf Papier; 29,7 x 42 cm;
S. 80-81 Lui Ferreyra;
S. 86, 106 Emma Carlisle;
S. 92-93, 114-115 Sophie Peanut;
S. 102, 114-115 Asimina Hollingworth;
S. 105 Lucia Vinti. Source Image: Mutti;
S. 106 Brooks Shane Salzwedel;
S. 109 Leo Macdonald Oulds;
S. 111 Scott Altmann.

DANKSAGUNG

Dank an Donald Dinwiddie, Zara Larcombe, Gaynor Sermon und Andrew Roff, die die ganze Zeit am Steuer waren, um uns durch schwierige Gewässer zu navigieren, und an Peter Kent, der leider während seiner Arbeit mit uns verstorben ist.

Dank und Liebe an Ian, Rowan und Gil, ohne die diese Arbeit bedeutungslos wäre, und an Selwyn - welch Freude, ein Buch gemeinsam mit solch einem geschätzten Freund zu schreiben. Dieses Buch ist June Humphrey und Evas Mutter gewidmet, die den Beginn, aber nicht das Ende dieser Reise miterlebte.

ÜBER DIE AUTOREN

Eve Blackwood ist eine in London lebende schottische Künstlerin und Pädagogin. Sie hat als Illustratorin, freie Filmemacherin, Grafikerin und BBC-Redakteurin gearbeitet und ist derzeit als Kunstlehrerin tätig. Sie zeichnet jeden Tag und möchte andere motivieren, dasselbe zu tun.

Selwyn Leamy ist ein Künstler, der in London lebt und arbeitet. Er ist erfahren im Unterrichten von Menschen unterschiedlicher Altersgruppen. Als Mitbegründer des kreativen Reiseunternehmens Frui hat er Zeichnen und Malen an verschiedenen Orten weltweit gelehrt. Seine Landschaftsgemälde wurden vielerorts in Großbritannien und Italien ausgestellt.